U0824130

智慧熊
SMART BEAR

阅读强 | 少年强 | 中国强

专家审定委员会

励志版名著的6个关键词

“领悟性阅读”是人生成长过程中不可或缺的要素。如何用精品名著唤醒天性、唤醒心灵、点燃智慧之灯，同时兼顾学生学习的现实需要呢？

第一个关键词：价值阅读——“成就有价值的人生”

有价值的人生从价值阅读开始。在阅读的重要性与紧迫性已成为共识的情况下，最根本的问题就是读什么和怎么读。为此，励志版名著致力于通过对经典名著的价值解读，培养学生一生受用的品质。

第二个关键词：励志——“本书名言记忆”

一句名言可以影响人的一生。在供学生阅读的众多名著版本中，励志版名著是以励志为核心理念的。一本好书，必能启迪人心，滋养人的精神。因此，我们专注于传递名著中宝贵的人生经验和成长智慧。

第三个关键词：兴趣——“无障碍阅读”

针对阅读经验较少的学生，励志版名著依据《现代汉语词典》《辞海》《汉语大词典》等权威辞书对疑难字词进行注释，并参考相关资料对人物、好句等进行注解，从而帮助学生实现名著的无障碍阅读，激发学生的阅读兴趣。

第四个关键词：导学——“名师导学3-2-1”

名师门下出高徒。励志版名著邀请全国一线名师、教研员倾力把关“名师导学3-2-1”，强调在导学的基础上自主学习，把阅读延伸到书外。

第五个关键词：彩图——“图说名著”

全品系七百多幅精美插图，配以言简意赅的文字，达到“图说名著”的生动效果，这对提升学生的阅读兴趣，使其更好地理解每一本名著的意蕴，无疑会有很好的帮助。

第六个关键词：课标——“全课标素质解读”

强调课标与素质阅读的结合，是本丛书明显的特征。部编版语文教材中所选用的名著篇目，都在其中占有一席之地，倡导了“每一本名著都是最好的教科书”的理念。

简言之，我们殚精竭虑，注重每一个细节。因为，一个人物，拥有一段经历；一段故事，反映一个道理；一本好书，可以励志一生。

让名著发挥它人生成长导师的基本功能吧！

励志版名著编委会

无障碍阅读

彩插励志版

地球的故事

DIQIU DE GUSHI

〔美〕房 龙 著

牛靖璇 译

南方出版社

·海口·

图书在版编目(CIP)数据

地球的故事 / (美)房龙著 ; 牛靖璇译. —
海口 : 南方出版社,2018.10 (2024.12 重印)
(新课标必读名著 : 彩插励志版 / 闻钟主编)
ISBN 978-7-5501-4662-4

Ⅰ.①地… Ⅱ.①房… ②牛… Ⅲ.①社会地理学—
青少年读物 Ⅳ.①C912.8-49

中国版本图书馆 CIP 数据核字(2018)第 203156 号

地球的故事

DIQIU DE GUSHI

〔美〕房 龙 著 牛靖璇 译

责任编辑:文 静
出版发行:南方出版社
社 址:海南省海口市和平大道 70 号
邮政编码:570208
电 话:(0898)66160822
传 真:(0898)66160830
印 刷:河北延风印务有限公司
经 销:新华书店
开 本:920mm×1280mm 1/16
印 张:14
字 数:152 千字
版 次:2018 年 10 月第 1 版
印 次:2024 年 12 月第 10 次印刷
定 价:22.80 元

如何进行价值阅读

——《地球的故事》一书以第一章、第四章、第十八章为例进行解读

故事简介

《地球的故事》打破了常规地理书的写作方式，在这本书中，作者不仅介绍了基本的地理知识，还以独特的视角讲述了各个地区的历史演变，分析了地理对一个国家的政治历史、人群性格产生的影响。作者用文学的手法，赋予知识以灵性，把自然地理的规律和人文地理的千姿百态展示出来，生动地阐释了“人文地理”这一概念，使我们在了解地理的同时，更加深刻地理解人与环境的关系。

价值解读

1. 关于严谨

四季是地球每年围绕太阳旅行的直接结果，地球绕太阳运转的轨迹并非一个精确的圆，而是一个椭圆。它每24小时围绕地轴转一圈，每365.25天围绕太阳旋转一圈。这样精确的数据不是依靠想象得来的。科学的发展需要的是细致的探究和精确的计算。

价值启示：人们对地球的研究越来越精细，一点儿小小的误差也不放过，这就是“差之毫厘，谬以千里”的道理。为了能得出更精确的结论，多少科学家耗尽了毕生心血，才有了我们现今对地球的认知。所以我们在做任何事情时，严谨认真和不懈探索的精神都是必不可少的。

2. 关于进取

中国幅员辽阔，历史悠久，文化灿烂，富饶的土地养育着我们众多的人口。虽然屡遭外族的入侵，但是中华文明始终绵延不绝。然而近代中国长达几个世纪的与世隔绝，让我们远远落在了别人后面，软弱无能的清政府，在每次战败后，都会向侵略自己的国家割地赔款。

价值启示：在弱肉强食的环境里，落后的就要挨打，软弱的只会任人摆布。无论是国家还是个人，都不能因为一时的优越而安于享乐，要时刻学习新思想，不断进取，这样才能使自己变得更加强大。

3. 关于环境保护

在广袤的地球上，人类是渺小的，但人类却成了这个星球的霸主，持续不断地改变着地球。地球是人类美好的家园，大自然用她的博爱，无私地供养着地球上的每一个人。而人类最大的错误是对自己的养母——大自然的冒犯。

价值启示：我们都生活在同一颗星球上，地球是我们共同的家园。大自然有它自己的规律和法则，保护它，我们就能得到大自然的庇护和馈赠；破坏它，我们就必将受到大自然的惩罚。人类既然是生活在这个星球上的生物，就应该遵守它的法则，尊重自然，爱护自然，共同为我们赖以生存的地球负起责任。

△ 地球是人类美好的家园，它拥有丰富的矿藏、土地以及森林，这些不光为我们提供了避难所，还为我们奉献了丰富的食物。牧场上的羊群和中国的桑蚕编织物，还能为我们提供抵御酷暑严寒的衣物。

△ 北极星离我们如此遥远，它看似绝不会改变位置，而且是如此易于辨识，以至于渔民在看不见陆地时都可以轻易找到它。

△ 年轻而聪明的马可深得可汗器重，很快就在宫中成了宠臣，被任命为一个省的行政长官，名利双收。但24年后，他得了思乡病，于是取道印度、波斯与叙利亚返回了威尼斯。

△ 在中国旅行，你看不到像印度那样庞大的神庙和佛像，只有在北京以北约60英里处，有一些护卫明朝皇帝陵园的巨型动物石像，附近还有一尊大佛像。

△ 澳大利亚孤立的位置，使得一些奇怪的史前生物在世界的其他地区绝迹后，仍能在此地继续存在，如我们所有人都熟悉的那种被称为袋鼠的奇怪动物。澳大利亚的地理环境虽然不适宜人类居住，但最终成了古老的动植物的天然博物馆。

△ 当西班牙拓荒者的先遣部队到达这片山谷时，该地完全未被开发。如今通过修建灌溉工程，该地已成为举世闻名的水果园，只要稍加管理，该地的苹果、桃子、梨、橘子和杏就能大获丰收。

阅读规划

有这样一本书，它被视为出版史上的一个奇迹，是一本“永不过时”的书，它便是《地球的故事》。它究竟有什么奇特之处呢，快去书中寻找答案吧！

· 阅读时间建议

本书分为二十六章，你可以花三周的时间，完成整本书的阅读。前两周通读全书，每周阅读十三章。每读完一章，就停下来思索一下，简要地概括文中的主要内容，并对文末“要点思考”提出的两个问题做出解答。

在第三周，可以先根据前两周的阅读体验，用三天的时间，选择部分章节进行精读。第四天，用书中的知识自己绘制一张世界地图，将你知道的国家标注在上面。第五天，整理并摘录书中的精彩语句，为日后的写作积累素材。最后两天，可以选择自己感兴趣的国家或地区，与同学、朋友分享阅读感受，讲讲那个地方的风土人情。

· 阅读方法指导

在阅读本书时，可以采用快速阅读与精读相结合的阅读方法。

一、首先我们可以采用快速阅读的方法，读懂文章大意。可以不用细究内容，但要注意把握阅读重点，并在有疑惑的地方做一些圈点勾画。

二、精读各篇文章，可以仿照书中的旁批，对文中感兴趣的内容和有疑惑的地方进行评价和鉴赏。这样不仅能帮助我们深入理解文章，还能学习作者科学与文学相结合的高超的写作技巧。

三、《地球的故事》是一部科学与文学并重的著作，文中涉及的科学和地理知识需要我们进行深刻的思考。在阅读本书时，可以根据文中描写的国家或地区的特点进行地图的绘制，将全书阅读完毕之后，一幅完整的世界地图就在你的脑海中形成了。

名师导学3-2-1

3 个阅读要点

◎在本书中，作者将高山、大海与江河统统放进了地图里，把人类在地理中的活动踪迹展现给读者。阅读时，要厘清某个地方的居民来自哪里，为什么会居住在那里，那里都有什么……

◎作者从地理学的角度阐释了人与地球、人与自然的关系，要领会作者用历史事实警示人类要保护环境、爱护地球、维护生态平衡的写作意图。

◎这是一本关于“人”的地理书。作者以独特的视角，将“人与环境”作为书中的重点，讲述了地理环境与人的关系，我们要在了解地理的同时积极思考，获得更多启发和思考。

2 个知识要点

◎通过阅读书中每一个地区的“故事”，了解不同地区及国家的地理状况，认识地理对国家的历史演变、民族性格的形成和生活方式的选择等方面所产生的影响。在阅读中感受地理、感受历史，从而激发对地理科学的探索热情，对地球环境的关注，以及对人类使命的思索。

◎作者以轻松幽默的笔调、通俗易懂的语言，为读者讲述了一个个生动的地理“故事”，并将自然地理的规律和人文地理的千姿百态深入浅出地贯穿于其中。这种写作方式值得我们学习和借鉴。

1 个成长要点

◎人类的生存和发展离不开周围的自然环境。地球决定着我们的生存状况，同时我们也改变着周围的环境。热爱地球，保护环境，是需要我们共同承担的责任，也是我们阅读本书要懂得的一个根本道理。

目 录

CONTENTS

第一章　人类与家园

导读

在广袤的地球上，人类是渺小的，但人类却成了这个星球上无可争议的霸主，持续不断地改变着地球。作为人类，你了解我们赖以生存的地球吗？我们应该怎样对待这个人类共同的家园？

在浩瀚苍茫的宇宙中，人类只不过是一群弱小的哺乳动物而已。假设把所有的人集中起来放在一个盒子里，整个人类也许只能填满一个 800 米见方的盒子。这些话听起来可能有些令人难以置信，却是真的。

从人类出现的第一天（对于人类的起源问题，学术界基本已达成共识：人类起源于六七百万年前的非洲。约两百万年前，其中一部分人离开非洲，向欧亚等地迁徙，成为除非洲以外的其他地区古人类的共同祖先）起，身边就围绕着一群群生存竞争能力更强的物种。它们有的体形庞大，像小火车头一样重；有的凶猛强悍，有着锯齿般锋利的牙齿；有的身披盔甲，终日奔波；还有一些人们肉眼看不见的生物，它们的繁衍速度快得十分惊人，但它们繁衍得有多快，它们被敌人毁灭的速度就有多快，要不然，这些疯狂繁衍的生物就会称霸地球了（用排比的手法举例，突出了人类在世间万物中的渺小）。在这些物种面前，人类的生存能力是有限的，面对高山和深海，很多生物都毫无畏惧，但我们人类只能生存在最为适宜的环境中，只能在高山和深海之间的那些小块的陆地上生存。

有权威研究表明，有些昆虫能够在石油中自由嬉戏，还有一些昆虫能在温差很大的环境中存活。更让人惊奇的是，那些令人讨厌的棕色甲虫即使少了两条、三条或四条腿，也仍能够活得好好的。而我们人类呢，就算一根脚指头被针扎一下都无法行走。所以说，人类自从在这个旋转不停的地球上第一次出现开始，就不得不面对一些可怕的竞争对手。

对于地球上现存的一些厚皮类动物来说，当年原始人类的行为是多么可笑啊，他们竟然不借助树枝或藤条而用后腿行走。但事实上，正是人类祖先这种勇敢的尝试，让人类迈开了文明的第一步。

而那些高山和深海中的主宰者今天在哪里呢？

除了在自然历史博物馆里还能找到它们的蛛丝马迹之外，它们中的大部分已经从我们的视野里消失了。剩下的，为了在现实中生存，有些成了家畜，把它们的皮、毛、蛋、奶和肉贡献给人类。更多的动物则远离人类的居所，在人类觉得不值得一争的地方生存，它们在那里啃食树叶、牧草，或者捕食比自己弱小的动物，并繁衍后代。

简单地说，人类只用了2000个世纪，就成了地球上无可争议的统治者。如此伟大的业绩，是由几亿人创造出来的，他们的优势并不比其他竞争对手更多，除了非凡的理性天赋。

实际上，在人类之中，只有一小部分因为具备更高级的理性天赋和独立思考的能力，顺理成章地成了领导者。人类的进步就是这样一种奇怪而又反复的进程，不管被领导的人是多么不情愿，也只能屈从。不管大家斗争得多么激烈，成千上万的人里也只会有一个人成为先锋。

地球是人类美好的家园，它拥有丰富的矿藏、土地以及森林，它不光为我们提供了避难所，还为我们奉献了丰富的食物。牧场上的羊群和中国的桑蚕，还能为我们提供抵御酷暑严寒的衣物。

我们的家园奉献给我们太多的恩惠，大自然用她的博爱，无私地供养着地球上的每一个人。

但是大自然有自己的法则。这些法则是公正的，也是冷酷无情的。大自然毫不吝啬（lìnsè，过分爱惜自己的财物，当用不用或当给的舍不得给）地赐福给人类，但作为回报，她要求我们也要尊重她的法则，服从她的指示。

在一块只能放牧 50 头牛的牧场上放牧 100 头牛，这就意味着一场灾难。同样，在只能居住 10 万人的场所却住着 100 万人，必然会导致拥挤、穷困和磨难。可是，那些主宰大多数人命运的领袖忽视了这一点。

然而，这并非我们犯下的最严重的错误。人类最大的错误是对自己的养母——大自然的冒犯。人类是唯一一种仇恨同类的动物。狗不咬狗，虎不食虎。人类却常常互相仇恨，互相杀戮。同类之间的互相残杀，会把我们人类带到有可能在短期内彻底灭亡的境地。如果人类不愿做地球的主人，将会有成千上万的其他物种愿意主宰地球。即便是一个由猫或狗或大象或一些组织性更高的昆虫来统治的世界，也可能比一个充斥着战舰和大炮的星球更有价值。

人类究竟应该怎样对待地球？

人类需要意识到：我们所有人类都生活在一颗而且是同一颗星球上，我们应该共同对我们生活的这个世界的幸福安宁担负起责任。

这是人类能在地球上继续生存下去的唯一希望。

成长启示

我们都生活在同一颗星球上，地球是我们共同的家园。人与人之间的关系，是邻居，更是伙伴。人类是如此的渺小，一旦我们意识到了这个事实，就应该做出行动——学会互相尊重，共同为我们赖以生存的地球的安宁负起责任。

要点思考

1. 作者为什么说人类只是一群弱小的哺乳动物？
2. 作者在这一章主张我们应该怎样对待地球？

第二章　地球的奥妙

导读

我们生活的这个星球不是静止不动的，它有种种运动和变化。处在茫茫的宇宙中，受其他星体的影响，地球产生了各种自然现象，如四季变化、潮汐和风雨等。地球表面大部分覆盖着海水，这些海水对地球保持适宜的温度起到了重要作用，那些给陆地带来更多温暖的洋流就是其体现。

在开始一次旅程之前，我们首先要确定目的地和抵达目的地的方法。因此，让我们从一个古老的定义开始：世界是一个小而黑的物体，被太空包围着。

采用打比方的说明方法，将地球比作苹果或橘子进行说明，生动形象地向我们展示出了北极和南极的位置。

事实上，世界并非一个圆球，而是一个椭圆的球体，它的两极稍扁一些。用一根缝衣针穿透一个苹果或橘子的中心，缝衣针穿入和穿出的地方就是两极的位置，一极在一片深海的中央（北极），另一极则位于一片高原之巅（南极）。

而由于从一极到另一极的地轴仅比赤道直径短 1/300，所以对于极地的“扁平”问题，完全可以忽略不计。

我们都知道，地球是一颗行星，它绕着太阳转动，吸收着太阳的光和热。由于太阳的体积比太阳系所有行星体积总和的 700 倍还大，且太阳表面的温度在 6000 ℉（6000 ℉≈3315.6℃。℉是华氏温标的标度符号）左右，所以地球从这位邻居那里借得的一点点光和热，对太阳来说根本不算什么。

古时人们认为地球是宇宙的中心，是一块被海水包围的小而平的旱地，像小孩儿手中飞走的玩具气球一样悬浮在空中。只有少数几个敢于独立思考的希腊天文学家和数学家对这种说法产生了明确怀疑。经过几个世纪艰苦而执着的思索，他们逐渐得出了地球不是平的而是球形的结论，而且地球并不是静静地悬浮于空中的，也不是宇宙的中心，而是以可观的速度在绕着太阳转动。

他们同时还指出，那些看似绕着我们旋转的发光的小星球，其实不过是我们的伙伴行星，它们和地球一样，同为太阳母亲之子，共同围绕着太阳旋转。

运用拟人的手法，将太阳写作母亲，将其看作和人一样具有动作和感情的物种，使太阳和地球及其他行星的关系变得更加生动形象。

将近 1000 年来，罗马教会以地球是平的而且是宇宙的中心作为教条。但在学术圈里，在少数坚持真理的科学家和天文学家间，古希腊如果没有那些人的坚持，地圆学说或许不会那么快获得大家的普遍认同。可见，尊重客观事实、避免主观偏见，才能推动科学活动的发展。

关于地球是圆的，并与其他很多行星一同围绕太阳运转的观念从未被抛弃。在这些坚持真理的人的努力下，除了极少数人外，教会人士也被迫渐渐接受我们生活的行星是个球体的观念了。到15世纪晚期，人们已经普遍认同地圆学说了。

下面的事实就是最有力的证据：

第一，在海上向一座山或一条船接近时，我们先看到的是山顶或桅杆的顶部，渐渐走得越来越近时，我们才能观察到山或船的其余部分。

第二，不管我们在哪里，我们视野所及总是显现为圆形。因而，我们的视线在观察之时，无论是在大地上还是在大海上，往任何方向看去，我们能看到的距离都是一样的。当我们进一步升到地表的高处时，我们会看到更大的圆形视野。如果地球恰巧是卵形，我们会发现自己在一个大椭圆形视野的中央；如果地球是方形或三角形，我们的视野也会是方的或三角的了。

第三，当月偏食出现时，地球投在月亮上的阴影是圆的，只有球体才会产生圆形阴影。

第四，其他星球都是圆的，为什么单单我们的地球不是呢？难道在这些星球中只有地球是例外？

第五，麦哲伦（约1480—1521，葡萄牙著名的探险家和航海家，1521年在环球航行途中死于菲律宾。水手在他死后继续向西航行，于1522年完成人类首次环球航行）的船队一直向西航行，最终回到了出发之地。库克（1728—1779，英国著名的航海家和探险家，曾三次领导探测航行。他首次穿越南极圈，发现并最早宣布夏威夷群岛的存在，在探索新地、航海、测绘海图等方面卓有成就）船长也取得了同样的成就——从西向东航行，他的船队中的幸存者最终也回到了出发之地。

第六，当我们向北极行进时，我们所熟悉的星座就会越来越低，直至消失于地平线下，而我们离赤道越近，星座又会升起，且越来越高。

还有很多证据可以用来证明我们生活的这个行星一定是圆的，但显然，上面这些已经足够了。

下面让我们来了解一下地球所处的宇宙环境吧！

一列普通载人火车，日夜兼程，到月球需约260天。如果现在（1932年）就出发，直到2232年才能到达太阳。这列火车需要8300年才能到达海王星附近。然而相对于到距离我们最近的恒星来说，所有这些也都只是小儿科，因为那意味着一趟长达7500万年的旅行。如果想要到达北极星，这列火车则需要7亿年。

用一系列的数字进行说明，使地球与周围星球的距离更直观、更清晰。

现在我们只谈到宇宙中可为我们观测到的部分。我们的望远镜要比伽利略时代的望远镜精良得多，即便如此，它们仍然不算完美，除非我们把镜头提高到千倍，天文观测才会大有进步。因此，我们所谈论的宇宙其实是指可为我们观测到的那部分而已。其余未被观测到的部分，我们一无所知，更糟糕的是，我们连猜想都不敢。

在作为我们近邻的数百万颗恒星和行星中，以非常直接而又可被观测的方式影响我们生活的两个星球是太阳和月球。太阳供给我们光和热，而月球由于距离地球很近，从而影响着海洋的习性，造成一种奇特的水流现象，即我们所知的“潮汐”。

月球离我们实在太近了。因此，尽管它比太阳小得多（如果把太阳比作我们熟悉的直径为 3 英尺〔英美制长度单位，1 英尺等于 12 英寸，合 0.3048 米〕的球，地球就是一颗绿豌豆，而月球仅为针尖），月球对地表的牵引力仍比太阳大很多。

将地球和月亮比作绿豌豆和针尖，生动形象地表现出了地球与月亮的体积之差。

如果地球完全由固体物质构成，月球的引力也很难影响到它。但地表的 3/4 由水覆盖，而水在地表循着月球的运动而运动，就像撒在纸片上的铁屑会跟随在桌上移动的磁铁而移动一样。日日夜夜，成百上千英里宽的水域循着月光的足迹流动。一旦这片海水进入海湾、海港或河口，就会急剧收缩，20 英尺、30 英尺或 40 英尺高的潮汛（一年中定期的大潮）就出现了，这会导致在该水域行船变得极其困难。当太阳和月球恰好在地球的同一侧时，引力当然要比只有月球时大得多，这时我们就遇到了所谓的“春汛（春天桃花盛开的一段时间内发生的河水暴涨，也叫桃花汛）”，春汛在世界许多地区与小规模的洪水泛滥类似。

地球被一层氮气和氧气紧密包裹着，我们称之为“大气层”或“空气”。据估算，大气层有 300 英里（英美制长度单位，1 英里等于 1.609 千米）厚，它与包在里面的地球一同旋转，就像橘皮与包在里面的橘肉一样。

将地球和大气层之间的关系比作橘皮和橘肉之间的关系，使我们对其有了更加具体的认识。

大气层与地表以及海平面共同构成了一个实验室，这里产生了各种各样的大气现象，有风、暴风雨、暴风雪及干旱期等。

风不仅能够保持地球通气顺畅，也对雨的形成起到重要作用。没有雨，动植物就无法正常生长。

雨不过是海洋、内陆盐湖和内陆雪域所蒸发的水份，再以水蒸气的形式由空气带来。热带地区的降水量大而富有规律，因为陆地上巨大的热量使空气上升得极高，而热空气能携带大量的水蒸气运动，最后这些水分就会以大雨的形式落回地面。但由于阳光不总是直射在赤道上而是轻微地向南北移动，故而赤道大部分地区享受如此的四季：两季的暴风雨，两季的干旱天。

有些区域由从较冷地区到较热地区稳定运动的那些气流控制，这些区域大概是最惨的。

因为风在从寒带到热带的流动过程中，它们吸引水分的能力变得十分强大，却无法释放自身携带的水蒸气，这使得地球上一些地区 10 年也不见得下一两场雨，从而渐渐成为沙漠。

现在简单说说地球本身，说说我们脚下的这层坚硬的岩石地壳。地表自身究竟是些什么呢？现代科学认为岩石都是变化的，哪怕是那些古老的、我们认为永远不会随光阴变化而变化的岩石也不例外。这些岩石不但在不断成长，而且在持续变化之中。

当遇到不理解的事物时，我们不妨找到相似的事物做一个试验。通过类比，问题就变得十分清晰易懂了。

为了更形象地了解地壳运动，我们不妨拿出半打干净的手帕，将它们平铺在桌上，一块搭在另一块上，然后从两边用手向中间慢慢地推挤这些手帕，你会得到一堆奇怪的起褶（zhě）皱的布。这堆奇怪的布就与地壳极为相似，其中有山脉、峡谷和褶层等。地壳是地球的一部分，随着地球的持续运动，它持续丧失自身的热量。像所有正在冷却的东西一样，它也在慢慢收缩。正如你可能知道的，当一个物体收缩时，其外表会发皱，就像这些手帕被挤在一起一样。

当下最权威的假想（但记住这仅仅是个假想）告诉我们：地球自从形成以来，直径已缩短了大约 30 英里。如果你将它想象为直线，这也没多长，但对于一个巨大的曲面物体——地球来说，如果它直径突然缩短几十英里，一场谁都无法幸免的灾难就会发生。

大自然正缓慢地创造她的奇迹，她坚持在她做的每一件事上保持适度的平衡。就她本身而言，她一点都不着急。但在人类的帮助和教唆（suō）下，她就会变得令人害怕起来。

蒸汽机和炸药被发明出来之后，地球被大大改变了。乱砍滥伐已经让很多森林永远消失了，森林一消失，多年来忠实依附于山坡的肥沃土壤就被残忍地冲刷走了，而荒坡就成了周遭城镇的威胁。雨水被洪流携带着涌向山谷与平原，在去往峡谷和平原的路上冲毁所遇到的一切。

作者认识到了人类的行为对地球造成的伤害，并用文字的形式将这种伤害的发生过程演绎了出来，展现了作者对人类命运的深切关怀。

这绝不是危言耸听，我们只需回到罗马时代就可知晓。罗马人是一流的开拓者，他们用了不到 5 代人的时间就彻底改变了自己半岛的气候。西班牙殖民者又对南美山脉干了些什么呢？无数代瘦小而耐心的印第安人开垦的梯田被他们破坏，当地土著居民忍饥挨饿，人口锐减，只好屈从于殖民者的奴役和剥削。

我们不能控制发生在地壳内部的变化，但我们能对地球的外表有所了解。人类能够在一定的范围内决定特定地区降水的多少，也可以防止肥沃的土地变成号哭的沙漠。随着我们对地表的日益了解，我们可以运用这些知识为全人类的利益服务。

将沙漠拟人化，通过号哭这一行为生动地体现出了土地沙漠化对环境造成的危害。

地球上大约 3/4 的区域是不适合居住的，因为它们被一层深度不同的水所覆盖。

这层水体大致可以分为 3 个主要部分，最重要的部分是太平洋。内陆海占据了约 200 万平方英里（英美制面积单位，1 平方英里约等于 2.589 平方千米），湖泊与河流自身总共占据了约 100 万平方英里。所有这些地方过去是、现在是且将永远是我们无法居住之地，除非我们能把几百万年前祖先在进化过程中消失的鳃（sāi，某些水生动物的呼吸器官，多为羽毛状、板状或丝状，用来吸取溶解在水中的氧）——现在在我们刚出生的那一天仍能见到其痕迹——重新培育出来。

作者将海洋的作用比作一个巨型蓄热装置，这一巧妙的比喻使读者对海洋的作用有了直观的认识。

如此浩瀚的海洋覆盖了一片广阔的地表，看起来好像是一种浪费。然而海洋不仅是人类巨大的水源供应体，而且是一个巨型蓄热装置。有一段时期，陆地比现在大，而海洋比现在小，但那时的地球一直非常寒冷。如果我们喜欢保持变化的气候，当下水陆面积 3∶1 的比例（海洋的面积约占地表面积的 70.8%，陆地约占 29.2%。此处“3∶1”的说法不准确）就是理想的，如果这种平衡不被打破，我们将会生活得很好。

与地壳一样，环绕整个地球的这片大洋也是持续运动的，就像地球的液态外壳。月球和太阳的引力牵引着海水，让海水不断地升高，升高的海水有一部分蒸发变成了水蒸气，然后，北极地区的严寒又把它们转化为冰雪。从实用的角度来说，气流运动（风）则是影响海洋的最直接的自然因素。

当你在盛汤的盘子边长吹一口气，你会发现汤开始向与你嘴相反的方向流动。同样的道理，当气流一年又一年持续冲击海洋表面时，它们会导致“偏流”，“偏流”会向远离其当下特定位置的方向运动。只要有很多从不同方向吹来的气流，这些不同的“偏流”就会互相压制。但当风力稳定时（比如在赤道两边的状况），这些“偏流”就变成真正的洋流（海洋中朝着一定方向流动的水），这些洋流在人类历史上扮演着重要的角色，改造出了一片片适宜人类居住的乐土。假如没有洋流出现，很多地区就会像格陵兰岛的冰海岸一样冷。

用吹汤这个动作解释“偏流”现象，生动形象，浅显易懂。

地球就是如此神奇，人类就是在这样复杂的环境里，不断征服群山、大海和沙漠，创造出无穷无尽的人类文化的。

第三章　地图和航海技术

导读

人类一开始并不知道自己生活在怎样的星球上，随着活动范围的扩大，人类开始运用几何知识来确定方位。于是，地图出现了，它的出现，使航海技术有了飞速的发展，人类对海洋的探索由此翻开了新的篇章。

我们太熟悉地图了，如果没有地图，现代人的生活简直是不可想象的。但在很久以前，人们并不知道地图是什么。而且，地图的发明和发展，是一个相当漫长的过程。

古巴比伦人是极优秀的几何学家，大约在公元前 3800 年，他们曾经对整个王国的土地进行过一次调查登记。后来，考古学家们发现了他们留下的一些泥板，上面刻有他们的土地轮廓。不过以我们对“地图”的定义，很难称这些泥板为地图。埃及人很早就掌握了一些实用数学知识，但至今未在任何一个王公的墓葬中找到现代意义上的地图。

希腊人作为古代世界中最有好奇心、最爱追问的民族，写了无数有关地理学的文章，但据我们所知，还几乎没有和他们的地图有关的文字。在希腊一些大商业中心似乎有过刻着航行最佳路线的铜块，如果一个商人想要从地中海东部航行到西部就得参照它，可没有一块铜块被发掘出来，我们也不知道它们是什么样子。

罗马人为了侵略邻邦，行走四方，四海为家，到处修路，到处收税，到处都有被他们绞死、钉死的人，到处都有他们的庙宇和游泳池的遗址，大有统治世界的架势，却没有一张名副其实的地图。没错，他们的作家和演讲家非常频繁地提及他们的地图，且向我们保证这些地图都是非常精确而又完全可靠的。但我们看到的唯一一张罗马地图在某种程度上非常粗糙而拙劣（zhuōliè，笨拙而低劣），以致这张地图除了满足当代人对历史的好奇心外，无任何价值。

在史学界，它被称为《普定格地图》，以康纳德·普定格的名字命名。康纳德·普定格是奥古斯堡镇的书记员，他最早有了用印刷术传播地图的想法，而当时谷登堡刚刚发明了更高效的印刷术，不幸的是，普定格没有用来复制的原件。他用的手抄地图是一张 13 世纪时对 3 世纪原件的复制品，在这之间的一千年中，老鼠已经将其中许多重要的细微之处啃噬掉了。即便如此，该地图的大致轮廓无疑是来自罗马时代的原件。

对于中世纪的地图，无须任何特别评论我们即可跳过。教会对所有“无用的科学探索”大皱眉头，地图仅仅成了引人发笑的图画，它们充斥着无头的怪物、喘粗气的独角兽、喷水的鲸、有翅怪兽、北海巨妖、美人鱼、狮身鹫（jiù）首的怪兽以及世界上其他被恐惧与迷信迷惑的居民。耶路撒冷当然显示成世界的中心，印度和西班牙是世界的边界，苏格兰是一座孤岛，而巴别塔有巴黎的10倍大。

相对于中世纪绘图家的这些作品，波利尼西亚人编制的地图是真正出于航海家的杰作，更不用说同时代的阿拉伯和中国人的作品了，然而他们被当作可鄙的异教徒而被排斥在外。直到15世纪末，航海最终发展为一门科学，地图绘制才有了真正的进步。

当时，土耳其人控制着连接欧洲与亚洲的桥头堡，所以通往东方的陆路交通被完全阻断了，在开放的海洋上寻找一条通往印度的新路突然间变得十分必要。

埃及人似乎去过克里特岛（希腊最大岛屿，位于地中海东部。古代地中海爱琴文明的发祥地之一，是诸多希腊神话的源地），但不会比那儿更远，且那时到这个大岛的拜访也不过是个偶然而已。腓尼基人（一个古老民族，生活在今天的地中海东岸黎巴嫩和叙利亚沿海一带。腓尼基人以航海、经商和贩运奴隶闻名。腓，féi）和希腊人其实是“教堂灯塔航海家”，尽管有几次他们甚至一直前行到了刚果河（非洲第二长河，全长4640千米，干流贯穿刚果盆地，呈一大弧形，向西南注入大西洋）和锡利群岛。但那时他们无疑得尽量贴近海岸，并在夜晚把船系在干燥的陆地上以防被吹到海上。作为中世纪的商人，他们离不开地中海，离不开北海和波罗的海，他们忍受不了连续几天看不到遥远山脉的日子。如果他们在大海上迷失了方向，寻找最近陆地的可能方位就只有一个方法。为了这个目的，他们总是带上几只鸽子，他们懂得鸽子会选择到达最近的陆地的最短途径。当搞不清该怎么走时，他们就放飞一只鸽子并观察它的飞行方向。然后他们就循着鸟儿的方向前行，直到他们看见了山顶并到达最近的港口，再问问他们所在的方位凑巧是什么地方。

当然，在中世纪，即便普通人也要比今天的我们更加熟悉星星。他们不得不这样，因为他们没有年历和日历为他们提供信息。因此较为聪明的船长可以依据北极星和其他星座来设定他们的航程。但在北方地区，天空经常阴云密布，星星也不再有多大帮助了。

如果不是有 13 世纪上半叶后迅速传入欧洲的指南针，航海就一直会是痛苦且代价高昂的，因为航行只能靠上帝或猜想。

成吉思汗在 13 世纪上半叶统治着一个帝国，这个帝国比之前存在过的任何国家都要大，当他穿越辽阔的中亚沙漠地带，向欧洲这块肥肉进发时，他似乎随身携带着某种指南工具。这种在世界范围内具有重要性的指南工具，起源非常模糊，一直被神秘紧紧包围着。但对于指南针本身而言，自从第一个敏感的指针引导了第一个威尼斯人从他们的潟湖（浅水海湾因湾口被淤积的泥沙封闭形成的湖，也指珊瑚环礁所围成的水域。有的高潮时可与海相通。潟，xì）顺利到达了尼罗河三角洲至今，我们关于指南针的认识已经提高了许多。例如，我们已经发现地球上除了少数几处以外，指针都不是指向正北，它不是稍稍偏西就是稍稍偏东——该偏差技术上称之为“磁差”。这是因为磁场中的北极和南极与我们行星上的北极和南极不符，磁北极和磁南极与地理上的北极与南极相距几百英里。磁北极位于布西亚半岛，这是加拿大北部的一个岛屿，詹姆斯·罗斯于1831年最早发现了它；磁南极位于南纬73°，东经156°（磁极受地磁场的影响，位置并非固定不变）。

因此一个船长在出海时仅有一个指南针自然是不够的。他必须同时有航海地图，以便显示世界上不同地区的磁差。这就与航海科学有关了，而本书不是航海学手册。航海学是一门极为困难而复杂的学科，不是只言片语所能说清的。你只需要记住指南针在 13 世纪进入欧洲，它在使航海学成为一门可靠的科学上有巨大贡献，那就够了。

但这仅仅是个开始。

现在任何一个人都能告诉你他的航行方向，因为有指南针来显示。至于剩下的事情，中世纪的船长只用两样别的工具就能帮助他确定自己位于海洋的哪片区域。

首先是测深索。测深索几乎与船只一样古老。它可以在任何指定地点显示海水的深度，如果一个人有一张标记他正缓缓航行处的海水不同深度的图表，测深索就会给出这个人所在的海域的一些表征。

然后还有测速器。测速器原本是一小块木头，将它从船首扔下，然后近距离观察它要用多长时间漂过船尾。而从船头到船尾的长度自然已知，进而可以计算出船的时速。

后来，木质测速器逐渐被测速线所取代，测速线是一根细长但非常结实的绳子，尾部有一块三角形的木头。这根绳子事先被若干“绳结”分成很多段，每段长度等同，一名船员将其抛下船，同时另一名船员开始用沙漏计时。当所有沙子流过沙漏（当然，这段时间长度事先已知，两分钟或三分钟），将测速线拖回来，数一数在沙子从一个球形容器流向另一个球形容器的过程中，有多少个绳结从手中滑过。之后一个简单的计算会显示轮船的航行速度是多少，或像船员所习惯说的“多少个绳结”。

但即使船长知道了他的船速和航行的大致方向，洋流、潮水和风也会使他的哪怕最精确的计算变得不准确。结果一次普通的航海仍旧是一项冒险的事业。该问题的理论研究者们意识到为了从根本上解决这个问题，他们需要找到一种旧式教堂灯塔的代替品。

教堂灯塔、高耸的沙丘顶上的树、堤防上的风车、看家狗的吠（fèi）叫声在航海领域内极为重要，因为它们是固定点，无论发生什么事情都不会改变自身位置。给定一个这样的“固定点”，船员就可以做出自己的推算。然而一旦这个“固定点”被找到，剩下的就是角度的事情了。但在接下来的300年中，尽管欧洲人重新捡起了对角与三角的研究，他们仍面临一个问题，即寻找地球之外某个用来代替他们的教堂灯塔的明确的固定点。

这个崇高荣耀最可能的候选者是北极星。北极星离我们如此遥远，它看似绝不会改变位置，而且它是如此易于辨识，以至于最无知的小渔民在看不见陆地时都可以找到它。这个小渔民要做的全部事情就是画一条穿过北斗七星右侧最远处两颗星星的直线。当然还有太阳，但其运行路线从未被科学地描述出来，只有最聪明的水手才可以利用它的帮助。

只要人们还不得不相信地球是平的，一切计算就是毫无意义的。但在16世纪早期，“圆盘”理论被“球形”理论所抛弃，地理学家最终开始了自己独立的探索。

地理学家们做的第一件事是用一个平面将地球分成两个相等的半球，而该平面与地球南北极之间的连线垂直，分割线被称作“赤道”。赤道上各处与南北极点的距离都相等，从极点到赤道间又被分割为90段相等的距离。接下来的90条平行线（当然是圆圈，要始终记住地球是圆的）分布在极点与赤道间，线与线间相隔大约69英里，而69英里就代表了从极点到赤道间这段设想的距离的1/90。

地理学家给这些圆圈编号，从赤道开始向上（或下）递增，直到极点。赤道自身为0°，极点就是90°。这些线被称作“度”或“纬度”，还有个符号“°”，位于数字的右侧，这是单词“度”的缩写符号，否则“度”在数学计算中就会太烦琐而不方便使用。

所有这些意味着一个巨大的进步。但即便如此，出海仍旧是一种危险的经历。为了尽力给出太阳在每一年中的每一天及每种气

北极星

候下的精确位置，从而使每个船长有能力处理纬度问题，十几代数学家和航海家为此耗尽了毕生心血。

最终，任何一个理性的、聪明的航海者，只要他能读能写，就能够知道他离北极和赤道有多远，或用术语说，可能在北纬（赤道以北的纬度）或南纬多少度。一旦他越过了赤道，事情就不是这么简单了，因为北极星在南半球是看不见的，他无法继续依靠北极星了。但这个问题最终也被科学解决了，在16世纪末之后，纬度便不再是出海者的担忧了。

然而确定某人所在的经度仍旧很困难，成功地解决该问题耗费了两个多世纪。为了确定一系列不同的经线，数学家们是以两个固定点——北极点和南极点为准的。

但是没有东极也没有西极，因为地轴凑巧不那样旋转。人们可以绘出无数条环绕地球且穿越两极的子午线（经线），可这数百万条线中哪一条可以被选为划分东西半球的“特殊子午线”呢？

当时，每个国家都想让0°经线穿过自己的首都，这一点上多少有点自由主义的意味，德国、法国和美国的地图上仍分别将0°经线显示为穿越柏林、巴黎和华盛顿。到了最后，因为英国在17世纪对航海事业的发展贡献最大，且那时所有航海事务皆在皇家天文台（即格林尼治天文台，于1675年建于伦敦附近的格林尼治）的监测之下，所以格林尼治子午线最终被确定为将世界分为东西半球的特殊子午线。

就这样，航海者最终有了自己的“经线教堂灯塔”，但他仍要面对另一个困难。一旦他进入深海时，如何确定自己是在格林尼治子午线以东或以西多少英里？为了全面而完整地解决这个问题，英国政府于1713年专门成立了“海上经度测算委员会”，提出对“在深海测算经度”的最佳方法者予以重奖。两个世纪前，

10 万美元可是一大笔钱，每个人都跃跃欲试。到 19 世纪上半叶委员会最终解散为止，它已经为奖赏那些有价值的发明花费了 50 多万美元。

他们的大部分辛苦付出已被遗忘很久了，他们的工作也被废弃了。但是在重奖的引诱下，有两项发明被证明有持久的价值。其中之一是六分仪。

六分仪是一种复杂的仪器，它是一种可以随身携带的微缩航海观测台，航海者可以用它测量各种角距离。它是阴暗中世纪的星盘（古代用于测量天体高度的仪器）、十字杆和 16 世纪的象限仪（用来测量天体地平高度的一种早期工具）的直系后裔（yì）。

但六分仪在航海领域首次出现时激起的兴奋程度，根本无法与 4 年后（1735 年）忠实可靠的精密计时器出现时的状况相提并论。由钟表天才约翰·哈里森（在成为钟表匠之前，他是个木匠）发明的计时器极为精准，无论在什么气候条件下，它都可以将格林尼治时间带到世界上任何地区，这确实很方便。约翰·哈里森通过给他的计时器加上一种他称作“补偿曲线”的东西而得以成功。随着温度变化，“补偿曲线”就会以一定比例调节弹簧长度，这样计时器基本上就能做到适应任何气候条件。

如今无论一艘船在哪儿，只要它携带一个计时器，它就总会知道当时的格林尼治时间。既然太阳 24 小时绕地球转一圈（实际并非绕地旋转，我仅是为了表达方便），且每个小时沿经度前进 15°，为了确定我们向本初子午线以东或以西跨出多远，我们要做的就是首先确定我们目前所在地区的时间，然后将当地时间与格林尼治时间进行比较，记下差异。

总之，人类为了能够平安、舒适地穿越地球表面，经过了漫长的探索，尝试了许多办法，终于取得了航海技术的进步。这

2000年来的努力没有白费，这些努力是国际合作最早的成功经验的一部分。中国人、阿拉伯人、印度人、腓尼基人、希腊人、英国人、法国人、荷兰人、西班牙人、葡萄牙人、意大利人、挪威人、瑞典人、丹麦人、德国人，全都对这项重要工作的进展贡献了自己的力量。

到这里，国际合作史上这特殊的一章就结束了，但还有许多其他内容在等着我们。

成长启示

地图的出现使得人们能穿越茫茫大海，走得更远。一点儿小小的误差，往往也会造成非常大的差别，为了能得出更精确的结论，无数数学家和航海家耗尽了毕生心血，才有了我们现今的地图和航海技术。这就提醒我们在做任何事时，严谨认真和不懈探索的精神都是必不可少的。

要点思考

1. 为什么要确定0°经线？它是如何确定的？

2. 人类为了能够安全、舒适地穿越地球表面都进行了哪些有益的探索？

第四章　地球的四季

导读

为什么一年会有四季？为什么有的地区会出现长达6个月的白天或夜晚？地球绕着太阳旋转时略微倾斜，这让地球在获得阳光方面受到了什么影响？问题的答案，都在下面的内容里……

我们使用的“季节”一词来源于拉丁语的动词“serere”，这个词语的意思是“播种”。因此，“季节”最初应当单指春天——“播种的季节”。但早在中世纪的时候，这个词语就丧失了其独一无二的含义。其他三个季节，即冬季、秋季、夏季，也加了进来，把一年分为四个相等的部分。

四季是地球每年围绕太阳旅行的直接结果。

地球每24小时围绕地轴转一圈，每365.25天围绕太阳旋转一圈。为了摆脱掉这0.25天，并且确保历法的规范，我们每4年出现一次闰年，即闰年有366天。

地球绕太阳运转的轨迹并非一个精确的圆，而是一个椭圆，甚至还不完全是椭圆。但视其为椭圆已经让人们明白，研究地球在太空中的运行是很复杂的。

地轴也并非垂直于太阳和地球间构成的平面，而是存在一个66.5°的角。

但在绕日运转的过程中，地轴始终保持该角度，这也是世界不同地区有不同季节的直接原因。

在3月21日前后，地球与太阳之间的位置关系是太阳的光线正好能照射到地球表面的一半。在那天，世界各地皆享有同等长度的白天和夜晚。3个月后，当地球完成了其绕日旅行的1/4，北极正对着太阳，而南极背对着太阳。这时，北极点的人们就可以开始庆祝其他们一年一度的6个月的极昼，而南极点的人们则开始庆祝一年一度的6个月的极夜；北半球的人们开始共享夏日漫长而阳光充足的白天，而南半球的人们就得把漫漫冬夜花费在靠着火炉读书上了。想一想，当我们在圣诞节去滑冰时，阿根廷和智利正有人因为中暑死去；而当我们遭受一年一次的热浪袭击时，正是他们磨自己的冰刀的时候。

下一个在季节意义上具有重要性的日子是9月23日前后，因为那时世界各地再一次享有同等长度的白天和夜晚。然后就到了12月21日前后，彼时南极正对着太阳，而北极却背对着这个热量之源。之后北半球开始变冷，而南半球就开始变得温暖了。

地轴的特殊倾斜以及地球的旋转，并非四季更替的全部原因。这66.5°的角度也给我们带来了5个温度带。赤道两边是热带，那里日光垂直或近似垂直地射向地表。北温带与南温带是处于热带与寒带之间的区域，那里日光稍稍偏斜射向地球，故而比起热带，温带的阳光能够照射到更大面积的土地或水域。最后到了两极地区，那里的太阳光线是以这样一种角度照射——即便是夏季，每69英里宽的阳光也要被迫照射到几乎是自身两倍宽的地区。

把这些事情在纸上说明白不容易。你可以拿一个橘子或苹果，一支蜡烛，还有一些用来做标记的黑墨水，碰碰运气来试着划分温度带。火柴是表示南极和北极的好道具。当一只苍蝇飞到你自制的小小星球上时，不要暗自琢磨：“假设——仅仅是假设——我们也只是某种苍蝇，漫无目的地在这个巨大的橘子表面爬来爬去，这个巨大的橘子被一支巨大的蜡烛照亮——而这两样东西其实都只是某个巨人手中的小玩具，这个巨人不过是想来点儿午后的消遣罢了。”

想象是好事，但在天文领域内不要想象。

第五章　地球上的大洲

导读

地球上哪些陆地可以被称为“洲”？大洲是依据什么划分的呢？为什么欧洲会成为近代以及现代社会的中心？美洲后来为什么能取代欧洲的中心地位？地理面貌以及人类科学技术的进步会给出答案。

我们所有人，无一例外，都生活在岛屿上。但我们的星球上有些岛屿比其他岛屿要大得多，我们称它们为“洲”。因此一个洲就是“包括”或“汇集”更多岛屿的更为广大的地域。

但所谓的“洲”并没有硬性的、绝对的规定。美洲、亚洲和非洲作为最大的连续陆地，被称为洲是无可争议的。欧洲对于火星上的天文学家来说，看起来无疑就像亚洲的一个半岛。而澳洲，尽管面积不够大，人口也不够多，不配划入洲的范畴，但如果有人胆敢这么说，澳大利亚人无疑会向其宣战。尽管格陵兰岛的面积是新几内亚岛与加里曼丹岛面积之和的两倍，但当地的因纽特人却仍然甘心做平凡普通的岛屿居民。而如果南极企鹅不是如此卑微而温顺的生物，它们恐怕也能宣称自己生活在一个洲上，因为南极地区确实像北冰洋与地中海之间所有陆地加起来那样大。

我不知道这些让人深感困惑的事是如何产生的。但很多世纪以来，地理学的发展被完全忽视了，以致形成了许多错误的观念。但是，为了不继续增添读者的困惑，我将把话题集中在通常公认的划分方式上，我将宣称有5个大洲：亚洲、美洲、非洲、欧洲和澳洲（地理学现将地球上的大陆分为七大洲，即亚洲、欧洲、非洲、北美洲、南美洲、大洋洲和南极洲。本书写于1932年，因此当时的大洲划分与现在不同），亚洲约为欧洲的4.5倍大，美洲约为欧洲的4倍大，非洲约为欧洲的3倍大，而澳洲比欧洲要小几十万平方英里。因此亚洲、美洲和非洲理应在地理学手册中比欧洲排得靠前，但是如果我们不仅关注面积，还考虑到一个地区对整个人类的历史性进步所发挥的作用的话，我们必须将欧洲排在第一位。

首先让我们看看地图。事实上，我们应该多看看地图而非印刷的文字。因为不用地图学习地理就好比不用乐器学习音乐，不下水学习游泳一样。只要你看一看地图（如果你能接触地球仪就更好了），你就会发现以北冰洋、大西洋和地中海为界的欧洲半岛，位于这个半球上几乎所有陆地的中心。正如贫穷的、被人忽视的澳洲恰好精确地位于拥有最大水域面积的另一个半球的中央一样。这是欧洲享有的首要优势，但还有其他优势。亚洲虽然大概为欧洲的4.5倍大，但亚洲1/4的陆地过于炎热而不适于舒适地生活，还有1/4的陆地过于接近北极，以致没有人而只有驯鹿或北极熊可以选择该地作为其永久的居所。

欧洲又得分了，因为欧洲享有某些其他大洲所不能享有的优势。意大利的末端，即其最南端，尽管非常温暖，但仍与热带相距 800 英里左右。尽管瑞典和挪威伸入北极圈内很大一段距离，但幸好有湾流光顾它们的海岸，并确保这些地区的温暖；而拉布拉多半岛，尽管在同一纬度，却是一片冰冷的荒原。

半岛、海域和岛屿在欧洲所占的比例比在其他任何大洲都要大。想一想西班牙、意大利、希腊、丹麦、斯堪的纳维亚、波罗的海、北海、地中海、爱琴海、马莫拉海、比斯开湾、黑海，把这种状况与非洲或美洲对比一下，后两者在半岛、海域和岛屿的占有率上保持着世界最低纪录。这么多水与欧洲大陆绝大多数地区接触的结果就是产生了一种非常适宜的气候，这意味着冬天不会太冷，夏天也不会太热。生活既不会太轻松也不会太艰难，所以人们变得既不会像非洲人那样浪荡无事，也不会像亚洲人那样肩负重担，而是可以将工作与休闲控制在更为合适的比例之下，这一点其他地区的人就很难做到。

但气候并不是帮助欧洲人成为我们星球上绝大部分领土的主人的唯一原因——他们一直维持自身这个地位，直到第一次世界大战之后才衰败下去。他们的地理环境是帮助他们的另一因素。当然，这是个偶然的因素，绝非人为。但与此同时，巨大的火山爆发、巨大的冰河侵入以及那些灾难性的洪水，这一切的果实皆被欧洲人所尝，而这就造成了欧洲现在的样子：山脉被放置在很容易成为国境线的地方，河流以一种特定的方式流淌——这使得欧洲内陆每一个地方都可以享受到直通海洋的待遇，而在铁路与汽车发明之前，这对于商业贸易的发展起到极为重要的作用。

比利牛斯山将伊比利亚半岛与欧洲其余部分分割开来，这座山就成了西班牙与葡萄牙的自然分界线。阿尔卑斯山对意大利也起到了同样的作用。法国西部的大平原隐藏在塞文山脉（法国中央高原东南部的山脉，东北—西南走向）、侏罗山脉（法国和瑞士边境山脉，东北—西南走向，略呈一弧形）与孚日山脉（法国东北部的一个山脉，位于莱茵河之西，南北延伸约190千米）的后面。喀尔巴阡山脉（欧洲中南部山脉，为阿尔卑斯山脉东延伸部分）就像一座壁垒一样将匈牙利与俄国大平原分开。在近800年来的历史中扮演了重要角色的奥地利帝国，大体说来，是由一块环形平原构成，四周环绕着陡峭的山系，这些山系保护帝国不受其邻国的入侵。没有这些屏障，奥地利不会存活这么久。德国的形成也不仅仅是政治上的事情，德国由一大片有坡度的土地构成，这片斜坡起自阿尔卑斯和波西米亚的群山，缓缓延伸至波罗的海。然后还有一些岛屿，如英国及希腊爱琴海上的诸岛，还有一些湿地，如荷兰及威尼斯。所有这些与生俱来的天然屏障，仿佛天生就是为了让这些国家各自取得政治上的独立的。

俄国，虽然经常被描述为一个男人（即罗曼诺夫家族已故的彼得大帝）权力欲望的产物，但事实上更应该是特殊而又不可避免的自然原因的产物。广阔的俄国大平原位于北冰洋、乌拉尔山脉、里海、黑海、喀尔巴阡山脉和波罗的海之间，这对于建立一个高度中央集权的帝国来说是理想的地理位置。在罗曼诺夫王朝（1613—1917，俄国王朝，始于米哈伊尔国王即位，并终结于俄国二月革命时期尼古拉二世被推翻）灭亡之后，继起的苏维埃联盟很容易就存活了下来，就是个明证。

而欧洲的河流，正如我已经点明的，其特定的流向为这块大洲经济的发展发挥了极为重要的、实实在在的作用。从马德里画一条线至莫斯科，你会发现所有的河流，无一例外，无论流向北方还是南方，皆为内陆每一个地区提供了通向海洋的通道。因为文明一直是水域而非旱地的产物，这些幸运的安排使得欧洲成为我们星球上最富有的大洲，它凭借有利的山脉和更为有利的河流体系，凭借长长的海岸线，注定要在诸洲中扮演领导者的角色了。

不过单凭这些自然优势还不足以让这块世界上的小角落凌驾于其所有邻居之上。人类的创造力亦有相当力量。这很简单，因为北欧的气候是激发人的头脑，使人将其思维转化为行动的理想的气候。这种气候既不会太冷以致人们享受不到绝对的安逸，也不会太热以致人们不能进行日常规律的工作，而是恰到好处，使人乐于做事情。结果，只要他们那受人尊敬的国家适时安定下来，且可以为其公民提供法律和秩序的最基本的保障时，北欧人就投身到了科学研究之中。

他们的数学、天文学及三角学教会他们如何自由地在大洋中航行，而不至于找不到返航路线。他们对化学的兴趣让他们发明了一种可以进行内部燃烧的机械（这种奇怪的装置被称为“枪”），在它的帮助下，相对其他国家和部落来说，他们可以更快更准确地杀死人或野兽。

他们对医学知识的研究，教给他们如何使自身在各种疾病面前获得相对的免疫，而这些疾病已使地球上很多地方处于人口持续下降的状态。最后，他们自己相对贫瘠的土地（与刚果平原和爪哇山脉相比确实贫瘠）和对“精致”生活的追求，让他们渐渐养成勤俭与贪婪的习性，以致欧洲人为了掠夺财富不惜走任何极端，而若没有这些财富，他们的邻居们就会视他们为可怜的失败者。

在指南针的帮助下，欧洲人摆脱了教堂灯塔和熟悉的海岸线，开始按自己的意愿航行，从而渐渐离开他们小小的内陆海，如地中海、北海和波罗的海等，进而向辽阔无比的大西洋进发，开拓出了他们带有商业和军事性质的阳关大道。于是最后他们得以充分利用这个幸运的机会，使得他们的大洲成为我们星球上最大一片陆地的中心。

他们将这个优势保持了 500 多年。继帆船之后是蒸汽轮船，因为贸易是个最青睐廉价交通方式的家伙，所以欧洲得以维持这一进程的领先地位。那些军事学者坚称，拥有最强大海军的国家，也可以将自身意志强加于世界其他地区的国家，这是对的。与此规律相符，威尼斯和热那亚取代了挪威，而葡萄牙又取代了威尼斯和热那亚，然后葡萄牙作为一个世界霸主又为西班牙所取代，然后是荷兰取代西班牙，英国取代荷兰，因为这些曾取代他国的国家依次拥有数量相对更为庞大的战舰。然而，如今海洋的重要性在迅速下降。海洋作为一条商业的高速路的作用正为天空所取代。而且或许并非世界大战（本书中提到的“世界大战”均指第一次世界大战），而是重于空气的飞行器的发明使得欧洲降格为二等大洲。

一个热那亚羊毛商人的儿子——哥伦布，发现了海洋上的无限可能性，改变了历史的进程。

美国俄亥俄州代顿郊区一个简陋的自行车修理铺的两名老板，对天空也做出了同样的贡献。千年后的孩子们或许再也无从得知克里斯托弗·哥伦布的名字，但一定会熟悉莱特兄弟的名字。正是由于兄弟俩的耐心和天赋，人类文明的中心逐渐从旧世界——欧洲，转移到了新大陆——美洲。

成长启示

对世界的探索和发现是永无止境的，哥伦布发现的新大陆扩展了海洋上无限的可能性，莱特兄弟发明的飞机又将人类文明中心转向了新的大陆……勇于发现和创造，对未知事物怀着不断求知和探索的心态，新的“大陆”也会在前方等着我们。

要点思考

1. 这个行星上的小块陆地，为什么其中的一些被称为“洲”，而另一些不是？

2. 飞机的发明使得世界发生了什么样的变化？

第六章　欧洲与欧洲民族

导读

欧洲面积虽小，但人口众多。在人类历史的发展过程中，欧洲很少平静过。各种各样的族群相互冲突、融合，最后形成各个国家，这些国家有强有弱，共同组成今天的欧洲。在这一章，我们将了解欧洲人的起源和种族情况。

欧洲的人口数量是北美洲和南美洲人口总数的两倍，比美洲、非洲和澳大利亚的人口数量加起来还要多。

欧洲的早期居民是从哪里来的？他们是最早揭开历史序幕的人吗？我很遗憾地说，答案一定极为模糊。这些人可能来自亚洲，他们可能是通过乌拉尔山和里海之间的沟壑进入欧洲的，他们可能发现了比他们还要早的移民种族，比他们还要古老的文明形态。

他们为什么来？这与近百年来数以亿计的人口从旧世界移民至新世界的原因是相同的——因为他们挨饿，而西部的土地为他们提供了更佳的生存机会。

这些移民散布整个欧洲，正如后来的移民散布整个美洲大平原一样。在追逐土地和湖水（在早期，一片湖水要比一块土地还要珍贵）的狂热中，“纯种”的痕迹迅速消失。在难以进入的大西洋沿岸或幽深山谷的隐蔽之处，还有少数弱小的部落延续着其简朴的生活，为他们种族的纯正深感自豪，但除此以外也没有什么可以安慰他们与外界失去接触的痛苦了。因此当我们说到“种族”时，我们已经摒弃了绝对意义上种族纯正的观念。

我们用“种族”这一表达，是为了便于形容一群碰巧说着相同语言、拥有共同的历史起源的人，他们在近 200 年有记载的历史中发展出了特定的个性、特定的思维方式与社会行为习性，这些使得他们意识到自身隶属于某一“社会群体”。

根据这个关于种族的概念，今日欧洲有 3 个较大的种族，还有 6 个较小的种族。

首先是日耳曼种族，包括英国人、瑞典人、挪威人、丹麦人、荷兰人、佛兰德人和部分瑞士人；然后是拉丁种族，包括法国人、意大利人、西班牙人、葡萄牙人、罗马尼亚人；最后是斯拉夫种族，主要是俄国人、波兰人、捷克人、塞尔维亚人和保加利亚人。这几个种族的人数总和占了欧洲总人数的 93%。

剩下的还有两三百万的马札尔人或匈牙利人、少数的芬兰人、约 100 万的土耳其后裔以及约 300 万的犹太人。然后还有希腊人，他们与其他种族混杂在一起，以致我们只能模糊地猜测，他们的起源大概更接近日耳曼种族。最后是阿尔巴尼亚人，同样可能与日耳曼人同源，他们现在看起来像是落后于时代上千年，可是在第一批罗马人和希腊人出现在欧洲土地上之前，他们已经在今天仍属于他们的这些农田上安居乐业五六百年了。最后的最后是爱尔兰的凯尔特人、波罗的海地区的列特人和立陶宛人，还有数目与起源皆模糊不清的吉卜赛人（又译“吉普赛人”，以过游荡生活为特点的一个民族。原住印度西北部，10世纪前后开始外移，到处流浪，现几乎遍布世界各地），后者主要是提供了一种历史性的警告样板——那些姗姗来迟、等到最后一块空地都被他人占据了才到达的人，便难逃这般命运。

关于生活在这古老大洲的山脉与平原上的居民就讲这么多。现在我们必须了解他们是如何改造其地理环境，然后地理环境反过来又是如何改造他们的。这种斗争的结果诞生了我们的现代世界。没有这种斗争，我们仍旧会像土地上的野兽一样。

成长启示

为了更好地生存，欧洲的早期居民勇敢地迈出了征服新世界的脚步，然后才有了今天的欧洲。社会的进步离不开这些勇于突破常规的人。我们在生活中也应该像这些勇敢的早期移民一样，凭着果敢和远见，积极地寻找机会，这样才能打破常规的束缚，迎来“柳暗花明又一村”的新境界。

要点思考

1. 查阅资料，说一说欧洲早期的居民还有可能是从哪里来的。

2. 作者指出，“还有少数弱小的部落延续着其简朴的生活”，对于这些部落的选择，你是怎么看待的？

第七章　意大利：地理造就的霸主

导读

地图上的意大利像一只靴子，它曾是横跨欧亚的罗马帝国的核心。各种海岛让意大利在地理上拥有许多得天独厚的优势，可谓地理造就的霸主。关于“这只靴子”的地理故事，且听作者为你娓娓道来。

从地理学的角度讲，意大利是一处废墟，它的所有不过是一条巨大山脉的残余物。这条残余的山脉像现代西班牙的地形一样，几乎是正方形。后来，这个正方形萎缩了（即便最坚硬的岩石经历了几百万年的历史演变也会变形），并最终消失在地中海下。我们今天所能看到的仅为这座古老山脊最东面的一部分，即亚平宁山脉，这条山脉从波河（意大利最长的河流。发源于西部阿尔卑斯山脉的维索山。横贯国境北部，冲击成波河平原，向东注入亚得里亚海。全长652千米，流域面积7.5万平方千米）河谷延伸至意大利南部的卡拉布里亚地区，形成意大利这只“长靴”的“靴子尖”。

另外，意大利既是一座三面临海的半岛，同时很明显也是北欧大陆的一部分，这使得它从中受益匪浅。意大利的波河大平原是深入欧洲中心的凸角，它最北部的城市所处的纬度比日内瓦和里昂还要高，甚至比米兰和威尼斯所处的纬度还要高一些。而意大利的中心佛罗伦萨几乎是与马赛处在同一纬度上。

不仅如此，阿尔卑斯山尽管比比利牛斯山和巴尔干半岛上的群山高出很多，自身却形成了一条从南方到北方相对便捷的通道。莱茵河与罗讷河（发源于瑞士南部阿尔卑斯山的圣哥达，流经法国东南部，注入地中海）平行于意大利北部边境线，将阿尔卑斯山分为两半，因此流入莱茵河与罗讷河的小河流所经过的峡谷，就与母河形成一个 90°角，于是进入波河平原的近道就这样形成了。

依靠这样便利的地理位置，意大利能够扮演双重角色：作为一个海上国家，统治着地中海地区；作为一个大陆政权，征服并掌控欧洲其余部分。

当地中海不再是一个世界性海域，且当美洲的发现使得大西洋成为商业与文明的中心时，意大利就丧失了先前的优势地位。没有煤炭和钢铁，它就别指望与西方工业国家竞争。但在从公元前 753 年罗马建立直到公元 4 世纪这将近 1200 多年的时间里，意大利统治并管理着易北河（欧洲中部重要河流。上游拉贝河源出波兰、捷克边境苏台德山南麓，曲折流经捷克西北部；中下游斜贯德波平原西部，在德国北部经汉堡流入北海。长 1165 千米。流域面积 14.4 万平方千米）和多瑙河以南的每一寸大地。

幸运的地理因素成就了意大利的霸主地位，但也使意大利不可避免地存在一些缺陷。意大利这个文明古国，不仅仅是一块有着月光照耀的古代遗迹、橘树、曼陀林音乐会与英俊农夫的土地，它也是火山频繁喷发的土地。

每个正常地活到 70 岁的意大利人，一生至少经受一次大地震和若干小地震。地震仪仅在 1905—1907 年就显示了 300 次地震。1908 年，意大利西西里岛东北部的一座城市——墨西拿，整个都被地震摧毁了。

火山喷发了数百万年，广阔的意大利陆地逐渐被层层凝灰岩所覆盖。凝灰岩是一种由火山灰构成的软岩石，内部密布孔洞，渗水性强，它们对整个半岛地貌的形成产生了很大影响。

人类历史产生之前的火山喷发，还产生了其他的地质构造，使意大利的土壤非常脆弱。亚平宁山脉纵贯整个半岛，并将整个半岛一分为二。这条山脉主要是由石灰石构成，这是一种覆盖在古老而坚硬的岩层上的柔软的物质。这些石灰石极易滑动，从而造成山体滑坡。古意大利人非常熟悉一件事，那就是即便没有火山导致的剧变，他们也习惯每 20 年检查一次每块大型田庄的边界线，看看用来做地界标记的大石头是不是仍待在原地。

这些关于古代意大利的地理知识将我们带入了对现代意大利的思索之中。因为意大利不像希腊，它正凭借着自身的聪明和勇敢不断为着一个新目标而努力。如果这种精神能够持久，它千年来因疏忽造成的损失必然会得到弥补，在世界诸国中再度赢得其古时的地位与荣光。

1870 年意大利再度成为一个联邦国家，赶走外国侵略者之后，意大利人很快就投入到重建家园的工作中来。首先他们把注意力集中到波河河谷——一个可以轻松负担起整个半岛衣食的鱼米之乡。波河与其他河流相比并不很长，但自有其独一无二的特质。

整个波河的 5/6 皆适于航行，它也是世界上最高效的三角洲建设者之一。每年它为自身的三角洲增加 3/4 平方英里的面积，并将其向外推进 200 英尺。如果波河继续这么工作 10 个世纪，它将会到达对岸的伊斯特拉半岛（东南欧半岛。位于巴尔干半岛西北部。南北长约 96

千米，面积3885平方千米。最高点1396米。1797年起属奥匈帝国，1919年后属意大利，1947年大部分划归南斯拉夫。今属克罗地亚），威尼斯就会在湖中，一条7英里宽的水坝会将其与亚得里亚海其余部分隔开。

波河携带入海的大量沉积物中，部分沉入河底，并堆积出一层几英尺厚的固体物质。为了阻止不断高涨的河水在周围陆地上泛滥，住在岸边的人们不得不修建堤防。在古罗马时代他们就开始这项工作了，现在他们仍在继续。因此，波河表面要比其流经的平原高得多。在几个村庄，堤防有30英尺高，而河流亦在相同的高度流淌，有如房屋的屋顶。

波河还以其他因素而闻名。在并非很久以前，意大利整个北部平原是亚得里亚海的一部分，阿尔卑斯山峡谷曾为狭窄的海湾，这些峡谷是冰河融水的出口。那时整个阿尔卑斯山地区都被冰河覆盖。冰河被从山坡上滑下的碎石厚厚地覆盖，在山坡与山坡间向下运动，形成冰碛（冰川所搬运和堆积的岩块、砾石和沙、泥等碎屑物质的总称。分选极差，碎屑大小混杂，没有层理。岩块、砾石的棱角未受充分磨损，表面可见冰川擦痕。就其所处部位不同，分侧碛、中碛、底碛和终碛。碛，qì）。当两条冰河相汇合，两个冰碛合为一个和原来一样高的双体冰碛，这时它就被称为“中央冰碛”。而当冰河融化，它就会丢弃这块压舱岩石，这时它被称为“最终冰碛”。

这些最终冰碛就是一种地理学上的海里水坝，因为它们将峡谷最上部堵塞，从而阻断了其与下部的连接。在冰河期间，足够的流水使得最终冰碛对正在下降过程中的水来说不过是微不足道的障碍。但是随着冰河的渐渐消失，水就越来越少，最终冰碛就升得比水高，湖就形成了。

意大利北部所有的湖泊，都是冰碛湖。当人类出现并开始修筑水利工程时，这些冰碛湖就成了便利的蓄水池。

在很早的时候，波河大平原的居民就开始利用这天赐的循环水体了。他们通过开凿运河、兴建水坝和堤防，将哺育波河平原的数百条小溪连接起来，时至今日，每几分钟就有数千立方英尺的水量流过这些运河。

这里是种植稻谷的理想地区。在1468年，一个比萨商人引进了第一批稻谷。随着时间的推移，种植稻谷的梯田在波河的中心平原变成了一道很平常的风景。其他作物如玉米、大麻和甜菜也被种植，于是尽管这片大平原比起意大利半岛其他地区来说降雨较少，但仍为整个国家最肥沃的地区。

此地不仅为人们提供粮食，也为女人提供衣服。早在公元9世纪，丝蚕养殖最基本的必需品——桑树就被引进，它来自中国。今日大约有50万人从事丝绸工业，他们的产品质量比中国和日本的还要好，后两者是桑蚕的故乡。这种不起眼的小昆虫满足了我们对衣着最奢侈的需求。

整个波河平原人口稠密。然而，原始的城镇缔造者们与河流保持了一段安全的距离。他们的工程技术还不够发达，不能建造坚固的堤防，而且他们害怕一年一次的出现于春汛后的遍地沼泽。

两个古代世界最浪漫的城市——威尼斯和拉文纳其实非常相似。威尼斯是个拥有157条运河的城镇，共长28英里，这些运河承担着街道的功能。该城最初是一处避难所，为那些在大陆上感到自身不再安全的人，以及那些不愿冒移民风险而宁愿选择承受由波河和其他几条小河形成的泥淖（烂泥、泥坑。淖，nào）河岸带来的不舒适的生存环境的人所准备的。在这里，这些逃亡者曾经发现此处有如金矿般宝贵的盐资源有待开发。他们对盐的垄断使他们走上了致富之路，他们将茅草覆盖的小屋变成了大理石的宫殿，他们的渔船有如战舰般大小。在几近3个世纪中，他们是整个文明世界的殖民领袖，地位有如戴高帽的罗马教皇、皇帝和苏丹，极为傲慢，同时又有着极为优雅的风度。

同样为波河淤泥产物的另一座城市是拉文纳。如今它是一座被 6 英里的淤泥与亚得里亚海隔开的内陆城。此城是个阴暗的地方，它使那些著名访客如但丁和拜伦等人在此狂饮享乐。公元 5 世纪时的它比今日的纽约还要重要。因为它是罗马帝国的首都——其海港上坐落着无数军事要塞，是那时主要的海军基地，拥有极多的船埠（停船的码头。埠，bù）和丰富的木材。

现代的罗马城罕有工业。这里有一些难看的纪念碑和一条主干道，这条大道令人想起费城的大道和许多穿制服的人。这些制服不错。

下面我们接着到另一座城市，一直到最近为止它都是整个半岛最有名气的城市，这座城市是地理和历史的奇怪的混合体，它就是那不勒斯。这座城市正好位于一个壮丽的海湾前部的海岸线上。它比罗马历史悠久，四周的疆域起初处于意大利西海岸一带最肥沃的地区之中。

当罗马还是个由牧羊人居住的村庄时，那不勒斯已经是个繁荣的商业中心了，但这些牧羊人一定具有真正的统治天赋，因为早在公元前 4 世纪，那不勒斯就已经是罗马的一个“同盟者”，这个词听起来较温和，没有“从属者”这样强硬，但表达了相同的关系属性。从那时开始，那不勒斯就扮演着次等角色，然后被整个游牧部落所统治，最终被波旁家族的西班牙分支之一所征服。

显然，那不勒斯的自然优势，使得它成为欧陆最拥挤的城市。这个城市紧靠着一座极具观赏性的火山——维苏威火山。在所有已知的火山中，维苏威火山是最洁净又最有规律的，它高达 4000 英尺，山体被一些可爱的小村庄紧密包围，这些村庄出产一种特殊的烈酒。而这些村庄的祖先可追溯至罗马时代。

从那不勒斯往南，我们就进入了被称作卡拉布里亚的省份。这个省份承受着距离国家中心太远之苦，它有与北部连接的铁路，但海岸地区又遭受疟（nüè）疾的灾害，它的中部由花岗岩构成，当下的农业生产方式仍旧与罗马第一共和国时代相似。

狭窄的墨西拿海峡将卡拉布里亚与西西里岛分开。这个只有一英里多宽的海峡，由于两个历史遗留下来的漩涡——分别称作斯库拉漩涡和卡律布狄斯漩涡（西西里海岸附近的一个漩涡，位于希拉洞穴的对面，水流湍急，异常凶险，被拟人化为一只吞噬船只的海怪）而闻名，据说若有哪艘船敢冒险进入它们之中哪怕半码，它们就能吞掉整艘船。这些漩涡引发的恐惧使得我们可以充分想象这些古代轮船是多么无助，因为一艘现代摩托艇可以静静地、轻快地径直穿过这些漩涡中心，而用不着关注水中是否有骚动。

西西里，其地理位置使其自然成为古代世界的中心。而且这里气候宜人，人口密集，土地肥沃。不过正如那不勒斯一样，这里的生活可能有些过于美好、过于舒适、过于慵懒，因为在2000多年的历史中，西西里人对外国政权强加给他们的各种暴政都和平地忍受了。

我未曾关注意大利东海岸，因为那里相对来说不太重要。首先，亚平宁人曾经到达过远至海滨之处，但在那里大规模的定居非常困难。亚得里亚海另一侧由于山势陡峭而不适合定居，故而制约了商业的发展。北部的里米尼直到南部的布林迪西之间，没有重要的港口。

半岛长靴的脚踵（zhǒng，脚后跟）地区称作阿普利亚。正如卡拉布里亚那样，该地也苦于远离文明，其农耕方式也与卡拉布里亚类似，还停留在汉尼拔时期。这位名将的到来为此地增添了荣誉，可就他本人而言，却是苦守12载也没能等来迦太基的援手。

在讲完撒丁岛后，当前这一章就结束了。撒丁岛确实是个很大的岛屿，但它距陆地极为遥远，很少有人到过那里，故而我们经常忘记它的存在。但它确实存在，且为欧洲第六大岛，占地几乎1万平方英里。它是史前形成的那片囊（náng）括亚平宁山脉的山系的另一端，背对着祖国大陆。西海岸拥有优秀的港口。东海岸地形陡峭、危险，找不到一处便利的落脚点。在最近两个世纪中，撒丁岛在意大利历史上扮演了奇怪的角色。1708年之前它属于西班牙，之后它落入奥地利手中。1720年奥地利用撒丁岛交换了西西里岛——西西里岛那时属于萨伏依公爵，其首府是波河平原上的都灵。然后萨伏依公爵骄傲地自称撒丁岛的国王（从公爵到国王可是个质的飞跃）。这就是现代意大利王国如何从撒丁王国发展而来的，尽管10万个意大利人里也未必有一个曾亲眼见过这座岛。

这就是意大利这只大靴子所有的地理故事。

成长启示

一个地区无论拥有多么优越的地理位置，也无法得到永享安宁的保障。当地居民只有尽量做到发挥优势，克服缺陷，才能更好地生存和发展。正如我们每个人一样，只有扬长避短，怀有一颗不断上进的心，才能更好地发展自己。

要点思考

1. 从地形上看，意大利有哪些优势和劣势？
2. 读完这一章你知道冰碛湖是如何形成的了吗？

第八章　西班牙：非欧交锋之地

导读

西班牙所在的伊比利亚半岛有着重要的地位。西班牙的山不高，但非常陡峭；西班牙的高原不辽阔，还相当贫瘠；西班牙曾被很多外来人统治，但它也做过海洋上的霸主。究竟是什么造就了这样一个西班牙？

西班牙位于伊比利亚半岛上，与其他人群相比，西班牙人具有很大的“种族性”，以至于你可以通过一个人性格上的傲慢、谦恭、清醒，还有他演奏吉他及响板的能力，在任何地方、任何条件下把这个西班牙人认出来。

西班牙人喜欢弹奏吉他与敲击响板，因为在干燥和温暖的气候下，他们便于使用可携带到户外的乐器。还有这些桀骜（jié'ào，倔强）不驯和谦恭的特质，难道它们不是数百年来严酷的军事训练的结果吗？而这样的军事化作风不就是西班牙从地理角度讲既属于非洲又属于欧洲的结果吗？如果西班牙人的发源地是哥本哈根或伯尔尼，这个民族又会长成什么模样？大概是无可挑剔而又平凡普通的丹麦人或瑞典人吧。他大概会吃下大量的黄油，好帮助他们抵御空气中永远存在的那股湿气。他还会大量饮用烈酒，因为便宜谷物的过量出产使得杜松子酒不可避免地成为全国性饮品。

在西班牙，山脉脊部呈水平线形，人们几乎可以将其形容为可视的纬线。它们始于比利牛斯山。

比利牛斯山长达 240 英里，直线走向没有间断，从大西洋一直延伸至地中海。它不像阿尔卑斯山那样高，因此在山间通道的帮助下应该更容易穿越，但事实并非如此。尽管阿尔卑斯山非常高，但也极为宽广，贯穿其中的道路很长，起伏却很低，对人和载重的马来说没什么特殊的困难。然而，比利牛斯山仅 60 英里宽，其山间通道太陡峭了，以致除了山羊和骡子外，没有人能通过。据适应性强的旅行者所言，即便骡子要通过也十分困难。受过训练的登山者（多为职业走私者）有能力穿过这座山，但仅限于夏季的几个月。

修建连接西班牙与世界其他地区的铁路工程师们意识到了这一点，他们沿大西洋和地中海的沿岸铺了两条铁轨，一条从巴黎至马德里，另一条从巴黎至巴塞罗那。阿尔卑斯山拥有半打在上面或下面穿越的铁路，而比利牛斯山，从西边的伊伦直到东边的菲格拉斯，连一条穿越其中的隧道都没有。毕竟没人能轻易地挖好一条 60 英里长的隧道，也没人能在倾斜角度达 40°的轨道上开火车。

无疑正是比利牛斯山的难以穿越，使得闻名的巴斯克人从史前时期到今天得以保全自身，这也是安道尔公国得以独立的原因。巴斯克人数量约为 70 万，居住地呈三角形，一边为北方的比斯开湾，另一边为东部的西班牙的那瓦拉省，第三边是从桑坦德市延伸至埃布罗河畔的洛格罗尼奥市的西部边界。罗马征服者称他们为伊比利亚人，称整个西班牙为伊比利亚半岛。而巴斯克人自己骄傲地称他们是欧斯卡尔杜纳克人。

他们国家最重要的城市是维多利亚城，为一个哥特国王于公元6世纪所建，是那场著名战役的战场，在那场战役中，一个名为阿瑟·维尔斯利的爱尔兰人——以其英国的封号威灵顿公爵而闻名，击败了一个叫波拿巴的科西嘉将军——以其法国的封号拿破仑大帝而闻名，并迫使后者永远滚出西班牙。

山脉的走向当然对西班牙的河流有着直接的影响。所有这些河流皆发源于中部贫瘠的高原上——该高原为巨大的史前山系的遗址，在上百万年的历史过程中，这些山系被渐渐磨平了，这些河流急速流向大海，速度如此之快，冲击力如此之大，以致没有任何一条河流具备哪怕一丁点儿商路的价值。而且，漫长而干燥的夏季夺走了其中的大部分积水，正如你可以在马德里看到的，每年至少有5个月，沙化的曼萨纳雷斯河底可以为孩子们提供极佳的度假沙滩。

这就是我为何用不着告诉你其中多数河流名称的原因。流经葡萄牙首都里斯本的塔霍河（发源于西班牙阿尔瓦拉辛山，向西流淌，在葡萄牙里斯本注入大西洋。是伊比利亚半岛最长的河流）则属例外。在这条河上，你可以几乎航至西班牙与葡萄牙的边境线。还有西班牙北部的埃布罗河（西班牙东北部河流。发源于坎塔布连山脉，全长约928千米），这条河可供小型轮船航行，大型轮船则须在与该河平行走向的一条运河中完成其大部分航程。连接着塞维利亚与大西洋的瓜达尔基维尔河（西班牙南部河流。全长657千米，流域面积5.74万平方千米，西流注入大西洋加的斯湾）只能供吃水不超过15英尺的小艇航行。后来这条河变成了溪谷河流——多数西班牙河流皆如此，不仅对水路商贸无任何贡献，还成了陆地贸易的障碍。

因此总的来说，自然条件对西班牙人没什么特别的青睐（lài）。

该国中部的大高原被一列低矮的山脊分为两半。北半部分名叫旧卡斯蒂利亚，南半部分名叫新卡斯蒂利亚。分水岭就是瓜达拉马山。

卡斯蒂利亚这个名字的意思是“城堡”，这名字很可爱。但它与那些包装夺目而质量次之的盒装西班牙雪茄类似。因为这里是一片环境严酷、其貌不扬的土地。当谢尔曼（1820—1891，全名威廉·特库赛·谢尔曼，美国内战时期联邦军著名将领）将军经过佐治亚州后，他曾有意无意地引用2000年前罗马人对卡斯蒂利亚说过的谚语，即一只夜莺若想穿过卡斯蒂利亚，就得随身带足口粮与饮水，否则就会饥渴而死。因为围绕高原四周的山脉太高了，以致从大西洋和地中海升起的云团都被阻挡而不能到达这块不幸的高地。

结果卡斯蒂利亚每年都得遭受9个月的地狱之苦，另外3个月该地则承受着又干又冷的风。在这片贫瘠的土地上，绵羊是唯一能够勉强生存下来的动物。该地区唯一繁茂的植物是各种各样的草。

西班牙人将这片高地的大部分区域称作“meseta”，这个词的含义与“平原”“普通的沙漠”极为相似。这就会让你明白为何比英国大得多的西班牙和葡萄牙，人口却只有英国的一半。

在这样一个国家中，自然条件既吝啬又顽固，人们只能生活在辛勤劳作中，强迫自然屈服并赐予生活的必需品，或者选择一般西班牙人的生活方式，他们一家人的全副身家只需要一头很小的驴就能驮走。这就把我们带到了一幕巨大的悲剧前面，悲剧的发生就缘于一个国家不幸的地理位置。

在历史上，西班牙人争取自由的大战持续了7个世纪，这是一首北方基督教小国间互相背叛与对抗的无休止的哀歌，这些北方小国幸存下来的原因是他们躲在了比利牛斯山形成的防线后。

与此同时，摩尔人将西班牙南部变成了一座真正的花园。这些来自沙漠的人们珍视水的价值，他们喜欢故乡少得可怜的花与树。

他们修建了大规模的水利工程，引进橘树、枣椰树、杏树、甘蔗与棉花。他们使瓜达尔基维尔河努力工作，将科尔多瓦与塞维利亚之间的峡谷变成了一处大花果园，这里的农民一年四季都可以大丰收。他们借助在瓦伦西亚附近注入地中海的胡卡尔河，为他们的领地又增添了1200平方英里的肥沃土地。他们请来工程师，成立可供农业科研活动的大学，修建了迄（qì）今为止这个国家所拥有的唯一一条公路。且他们是那时欧洲唯一关注医学与保健学的人。摩尔人对这些研究十分宽容，他们甚至通过自己的阿拉伯译本，将古希腊在这些领域的著作重新传入欧洲。他们不是将犹太人集中在犹太人区或更糟的地方，而是给予犹太人发展他们庞大的贸易的自由，使犹太人得以尽力为国家利益服务。

然后不可避免的事情发生了。基督教会将“种族”战争转变为宗教战争。西班牙人成了十字军战士，将他们为之浴血奋战的国家拖入了深渊。这场大战旷日持久，其间爆发过3000多场激战。

摩尔人所有的辛苦工作都白费了。他们被迫离开这个国家。而命运更悲惨的犹太人走得更壮烈，他们被扔在50艘轮船上，身无分文，所有财产都被夺走了，任凭船长随意把他们丢弃到陆地上。他们的心中充满仇恨，他们的意志被所遭受的苦难磨得锋利，他们开始仇恨西班牙人，要向折磨自己的人复仇，他们参与了每一次攻击西班牙的异端运动。

7个世纪的宗教战争将西班牙人变成了一个这样的种族：在这个种族眼中超自然成为自然，且要心甘情愿服从他们皇家主子的统治。他们曾为财富耗尽力气，但死亡终止了一切。

伊比利亚半岛使西班牙人成为他们今天的样子。西班牙人能否转过身来，在这么多年的迷失后将伊比利亚半岛转变成他们理想中的样子，然后忘掉过去，只着眼未来吗？

他们努力地在一些城市进行尝试，如巴塞罗那。

但这项工程是如此之难！如此艰巨！

成长启示

面对恶劣的自然环境，西班牙人顽强地与之斗争，并利用环境，创造了自己的辉煌。我们的生活也应如此，周围的环境是我们无法决定的，我们只能改变自己。积极勤劳、发愤图强，才能创造属于我们自己的财富。

要点思考

1. 西班牙人的“种族性”体现在哪些方面？

2. 你怎么理解作者说的“伊比利亚半岛使西班牙人成为他们今天的样子”？

第九章　法国：富有的国家

导读

法国所处的地理位置使它比欧洲其他国家更为富饶、安全。法国人为了独立不懈斗争，不愿离开他们的国家，因为在那里，他们才能拥有所需要的一切。这些都是大自然和优越的地理环境所赐。

我们经常听说法国不把自己当作世界的一部分，生活在大陆上的法国人，确实比定居在多雨的孤岛上的英国人更为“孤立”。简短地说，法国人一直以来对国际事务的漠不关心，是我们现有大多数麻烦的根源。

那么，为了彻底弄清这回事，我们必须寻根溯源。

任何民族的民族性根源都深深地扎在土壤与灵魂中。土壤影响了灵魂，灵魂影响了土壤。不理解其中之一，另一方面我们亦无法理解。但只要抓住这两个方面的本质，我们就找到了探索民族特征的途径。

我们经常听闻的对法国的指控都是确有根据的。但在世界大战期间，对法国无限的、无可置疑的赞扬也同样确有根据，因为他们的美德与缺陷皆直接源于他们国家的地理位置。这使得他们以自我为中心、自我满足，因为在大西洋与地中海间占据的陆地绝对可以使他们自给自足。当你可以在自家后院看到所有风景时，为何还要远行，寻找不同的风土与风光呢？当几个小时的火车就可以将你从 20 世纪带回 12 世纪，或将你从满是城堡的乡下带往充满沙丘与松树的极为神秘的陆地，为何还要环游世界去研究语言、习惯与风俗的差异呢？当你自己的食物、饮料、床铺与交谈和他处相比一点儿不差，当你生活在一处能把菠菜做成一道合乎人们胃口的美食的地方，为何还要用护照与信用卡，去忍受糟糕的食物、酸酒以及北部农民迟钝庸俗的脸庞呢？

你可能认为我说的这些是片面的，并且这些法国人都错了。对此，但愿我能认同你，但我必须承认法国在许多方面确实是一个得天独厚的国家——拜其地理环境所赐。

首先，法国的气候丰富多样。它拥有一种温暖气候，拥有一种热带气候，还拥有一种过渡性气候。法国是欧洲最高山脉的自豪的拥有者。同时，法国已通过运河将所有陆地上的工业中心连接起来，这些运河流淌在无比平坦的土地上。

一个地理学派认为气候与地理环境在人类命运的形成过程中起着决定性的作用。无可否认，有时候的确如此，但有时绝对不是这样。1200 年的摩尔人与 1600 年的西班牙人在同样的土地上生活，1200 年的阳光在瓜达尔基维尔河谷的投射量与 1600 年的一样大，但 1200 年的阳光将祝福投射在一处充满水果与鲜花的天堂上，1600 年的却化身为诅咒的射线，投向充满废弃的排水沟与野草的炎热的荒地上。

瑞士人说 4 种语言，但仍感觉自己属于同一个国家。比利时人只说两种语言，内部却彼此憎恶到这种程度：对彼此阵亡士兵坟墓的亵渎（xièdú，轻慢；不尊敬）成了星期天下午例行的消遣。冰岛人在自己的小岛上反抗所有入侵者，保持自身的独立与自治有1000多年了，但爱尔兰人在自己的岛屿上几乎不曾知晓独立这回事，等等。无论人在科学、技术上取得的进步有多大，总的来说，人的本质上总是存在一些无法确定和极不可靠的因素。这正是很多奇怪且不可预料的变化和发展的原因所在。

关于这一点，世界地图就是活生生的证据，至于法国，则是一个可以印证这种观点的反例。

从政治角度讲，法国看似是一个整体，但如果你仔细观察地图，你会发现法国确实由两个独立的部分构成，它们背靠着背——一部分是东南方朝向地中海的罗讷河河谷，另一部分是北部与西部朝向大西洋的倾斜的大平原。

数百万年前，法国北部到处遭受地震之苦，所有山脉与峡谷就像赌桌上投掷骰子般被丢到这里，四片不同时期的岩层相互交错，堆叠到一起，就像过去我们祖母喜欢的中国茶碟一样。其中最低、最大的茶碟过去从孚日山脉一直延伸至布列塔尼，其西部边缘被英吉利海峡淹没。另一个茶碟从洛林一直延伸至诺曼底海岸。第三个茶碟是著名的香槟区，环绕着恰好被称作法兰西岛的第四个茶碟。巴黎就在这座岛的中央。这意味着安全，因为在面对外国入侵时，这里能够提供最大限度的保护。由于敌人只能向外延的陡峭边缘进攻，而法国军队不仅在防御上占据极佳位置，且即便战败，也可以轻松地撤到下一个茶碟边缘的保护之中。在入侵者到达塞纳河包围的小岛之前，这一过程可以重复进行4次。至于塞纳河，只要烧掉河上的桥梁，它就能立即变为入侵者难以进犯的天堑。

当然，一支具有强大决心与优良装备的敌军攻陷巴黎也是可能的。但这太困难了，正如世界大战刚刚向我们显示的那样，将德国人拒于法国首都门外的不仅仅是法军与英军的勇猛，还有几百万年前形成的地理屏障。因为上苍将每一种可能用得上的地理障碍都设置在东方入侵者前行的道路上了。

法国为了争取独立已被迫战斗了将近10个世纪。尽管多数国家不得不派兵防守四境，法国却可以将防御力量集中到西侧国境线上。这很可能是因为法国比其他欧洲国家早很长时间就发展成了高度中央集权的国家。

位于塞文山脉、孚日山脉与大西洋间的整个法国西部地区有许多半岛与峡谷，低矮的山脊将它们彼此隔绝开来。其中最西边的峡谷是塞纳河（法国北部河流，流经巴黎盆地，最后注入英吉利海峡。长776千米，流域面积7.8万平方千米。内河航运干线，货运量居全国第一。沿岸地区为法国经济中心）与瓦兹河（法国北部河流，全长约305千米，发源于比利时境内的阿登山脉，在巴黎西北部注入塞纳河）的峡谷，它们由一条自然通道与比利时平原相连，这条通道很久很久以前即由圣昆丁城保卫。现在，这里成了非常重要的铁路枢纽，因此在1914年德军进攻巴黎的征途中，这里也正是他们主要攻占的目标之一。世界变了，但通常的情形是世界表面上变化越大，其本质与先前也就越一样。

对法国土地的概述就说这么多。现在让我说说关于住在地中海与大西洋间的法国人民的几点性格特征。他们似乎有一个共同点，即某种平衡感与匀称感。

法国确实拥有欧洲最高的山峰之一。虽然勃朗峰（横亘于法国、意大利边境，阿尔卑斯山脉最高峰，海拔4810米）现今属于法国版图的一部分，但这只是一个意外。就像美国老百姓不会在意色调鲜明的佩恩蒂德沙漠一样，法国老百姓也不会在意这座冰雪覆盖的荒山。他们最喜欢的是由默兹河地区、加龙河、诺曼底与皮卡第地区一带的山峦、可爱的小河，还有河畔的白杨、河上的游艇、夜晚悬于峡谷之上的薄雾共同构成的和谐的景象。他们最了解的是那些从不改变（每个国家最伟大的力量的所在地）的小村庄，还有居民的生活——或至少努力如此生活——以及几百年前的祖先生活的没有差别的小城镇，而巴黎就是最好的生活方式与最好的思想世代相传的地方。

和法国人在世界大战时给我们留下的印象恰恰相反，他们不是敏感的梦想者，而是非常聪明而热切的现实主义者。他们的两只脚稳稳地站在土地上，他们知道他们只能活一辈子，不过也就70个年头。因此他们努力工作，使自己尽可能在活着时生活舒适，而不会浪费一分一秒去幻想世界会变得更好。这就是生活，让我们尽情享受吧！既然个体不是在孤独时才更加强壮，那么就让我们紧密地团结在家庭这个社会基本构成单位中吧，家庭为每个成员的福祸负责，每个成员也要为家庭的福祸负责。

这是法国人生活理想的一面。然而，从我列举的理想中却生出了令人难以接受的另一面。家庭生活经常不是美梦而是噩梦。祖父祖母所统治着的家庭里没完没了的事务，就像一个阻断所有进步的闸。节约的习惯到了儿孙辈、重孙辈演变成了可怕的搜刮、偷窃、欺骗、勒索，甚至缩减一切生活中必要的开支，包括对左邻右舍的宽容与善意——没有了这些，文明人的生活确实就极为单调了。

但是不管地位多么卑微，法国普通老百姓似乎都会秉持某种实用主义哲学，这种哲学使他们以最少的付出获得最大的收获。一方面，他们的所谓“有雄心”的含义与我们不同。他们认为所有人生来就不平等。他们认为，在美国，每个小伙子都有希望在某一天当上银行行长，但为此这个小伙子得承担重大的责任。这有什么价值？法国人可不想付出这样的代价！如果真有那么一天，他哪还有时间享受那必须吃上 3 个小时的大餐呢？当然，银行行长这份工作的薪水很高，但牺牲舒适愉快生活的代价太大了。法国人勤奋工作，他们的妻子也勤奋工作，还有他们的儿女也同样勤奋，整个国家按照他们自己的意愿工作、节省和生活，他们不愿按照其他民族认为他们应该喜欢的方式而生活。这是一种智慧，这种智慧虽然不会使他们大富大贵，但可以让他们享受到真正的幸福。

无论何时，只要是在这本地理书中我们涉及的海滨地区，我都不会告诉你海滨居民喜欢钓鱼。这点不言自明。你还能指望他们做什么——养奶牛？挖矿山？

但当我们涉及与农业有关的主题，我们就会发现一个非常令人好奇的现象。近百年中，当多数国家的人口都被吸引至城市的时候，法国却有足足 60％的人口继续生活在乡村。今日的法国是唯一一个在长期经受四面围攻的情况下，仍坚持不从外国进口谷物的国家。古老的耕作方法在现代科学的先进技术面前逐渐让步，当法国农民停止他们的曾曾祖父在查理曼大帝与克洛维时代的耕作方法那一天到来之时，法国就将彻底自给自足了。

作为一条律法，法国农民是自己土地的所有者。他的农场或许称不上正规的农场，但这是他自己的。英国与东普鲁士作为旧世界的两大农业区，其中农业繁荣之地的农场必为某些远处的地主所有。但法国大革命清除了地主阶层，无论贵族还是教会的土地都归小农阶级所有。这对土地先前的所有者来说非常残酷。但他们的祖先正是通过抢劫得到这些土地，所以这又有何不同呢？且这被证明对国家是有极大好处的。因为这使半数以上的人民开始关注整个国家的福祉。像其他事情一样，每种事情都很可能有不利的一面。或许这就是法国人膨胀的民族主义的来源。这或许解释了使每个法国人紧密团结在自己村庄周围的小团体主义情结。这也解释了法国人对移居到世界其他地区的强烈不情愿，但话又说回来，当家中事事遂意，为何还要搬往别处？

除了农业因素，葡萄酒酿造业也使非常多的法国人留在自己的土地上。波尔多城（法国西南部港市，位于加龙河下游。是一个贸易中心，也是著名的葡萄酒生产地）是这种酒的出口中心，该城在加龙河口附近，位于这片充满淤泥的名为朗德的大平原的北部。地中海沿岸的赛特港即以产自罗讷河河谷的著名葡萄酒而闻名。而香槟酒则集中于古代举行法国加冕（miǎn）礼的城市兰斯（法国东北部的一座城市，长期是法国国王的加冕地）。

当谷物与葡萄酒不能养活所有人口时，工业就帮了大忙。古代法国帝王们的宫廷成为时尚与文明的中心，吸引世界各地的人群聚集于此，学习得体的礼仪与吃饭和用餐的区别。结果，在最后一个古代帝王脑袋夹在两脚间、被扔进巴黎制陶场的石灰堆中之后的 150 年，巴黎仍指导着世界其他地区穿什么、怎么穿。制造欧洲与美国多数民众在其基本生存之外还要追求的昂贵的奢侈品的工业集中于巴黎及其周边地区，它们为上百万妇女提供了就业机会。里维埃拉无际的花圃是我们绝大部分香水的原产地。

然后就是法国土壤中煤与铁的发现，皮卡第地区与阿图瓦在那些堆积如山的煤渣与矿渣中显得如此灰暗丑陋，但这些渣堆在蒙斯战役中发挥了极为重要的作用，在这里，英国军队努力阻止德国军队向巴黎进军。洛林成了钢铁工业中心，他们在中部高原大炼钢铁。当世界大战结束，法国人迫不及待地吞并了阿尔萨斯，该地为法国提供了更多的钢铁，而此前在德国近 50 年的统治下，这里一直是纺织工业区。这一发展结果使法国的工业变得兴旺，这里 1/4 的人口从事工业生产，他们可以骄傲地“夸耀”：他们的工业区外表极为丑陋、难以引人注目且极不人道，就像英国与美国的工业区一样。

总之，法国堪称一个具备一切优势的国家，理所当然也是一个富有的国家。

第十章　瑞士：和睦的大家族

导读

人们普遍认为瑞士是一个山峦秀美、不受周边大国侵扰的国家，很适合旅游，但事实告诉我们，瑞士这个国家还有很多复杂的方面。作为欧洲的交通要道，瑞士的山地特点以及严峻的自然环境造就了不一样的瑞士人和瑞士的政治经济。

瑞士是由 22 个独立小政体组成的大家族，其首都是伯尔尼，国内各邦的代表们都聚集在此商讨国家大事。

自从世界大战以来，这个国家的大部分人（该国 70%的人讲德语，20%的人讲法语）基本站在德国一边，尽管他们保持着极为谨慎的中立态度。但对于外面的世界来说，这些都不重要。对我们这些非瑞士人而言，瑞士不过就是个有着秀美山峦的国家，这也就是我在这一章中所要论述的。

阿尔卑斯山脉从地中海一直延伸到亚得里亚海，全长几乎是大不列颠岛的两倍，面积与其持平。其中，1.6 万平方英里都在瑞士境内。在这 1.6 万平方英里中，1.2 万平方英里堪称富饶。

因为这里覆盖着大片的森林、葡萄园和小型草场。其余的0.4万平方英里不可利用，因为它们或为大湖覆盖，或为一些壮美的悬崖，还有700平方英里为冰河所覆盖。因此，瑞士每平方英里人口数量仅为250人。所谓瑞士只有一些高山，居民只有旅馆老板和其客人的观念多少是错的，因为瑞士除了生产日常用品外，还将阿尔卑斯山与汝拉山之间宽广的北部高原变成了欧洲最繁荣的工业区之一，且在没有任何原材料的条件下照样繁荣。当然，它拥有丰富的水力资源，而且享有欧洲中部非常有利的位置，这使得赫尔维西亚共和国（瑞士）的成品无声无息却又不停地出口到附近至少十几个国家。

在这个国家的中央地带（位于圣哥达山口的安德马特是这个国家的地理中心点），纵横着大量结构复杂的山脉，这些山脉使莱茵河流向北海，使罗讷河流向地中海，这些山脉也孕育了山间的河流，这些河流养育了瑞士大大小小的湖泊，如北部的图恩湖、卢塞恩湖与苏黎世湖，还有南方著名的意大利湖。且这些山脉处于冰河、悬崖和峡谷附近，位置如此低深，以至于它们几乎从未见到阳光，这里拥有雪崩与不可通过的山间小溪，还有由一些冰河带来的绿色的刺骨水流，这就是瑞士共和国的发源地。

像通常一样，瑞士之所以能获得独立，是其政治现实与某些地理特征结合的结果。在近千年内，瑞士那些强大的邻人，并不愿理会这些不可穿越的山谷间的半开化的农民。来这里抢劫有什么用呢？最多也就能从这些野蛮人处抢到几张牛皮。况且瑞士人是具有游击战智慧的危险的野蛮人，那些从山坡上滚下来的大石头可不让人自在，它们压碎一套装甲就像压扁一张羊皮纸一样。就这样，瑞士人被那些骄横的帝国忽视了。

但随着罗马教皇地位的上升，在十字军东征后意大利商贸横扫一切的形势下，北欧迫切需要一条从德国至意大利的通道。此后，翁特瓦尔登、乌里与施维茨各州（瑞士独立的小共和国或区域的名字）的农民决定联合起来，每人出点儿钱（天知道他们出了多少，因为他们很穷），修建从莱茵河河谷直到提契诺河河谷的公路。他们凿开了一部分山石。每当山石难以用斧头凿开，他们便使用狭小的木质装置，这些装置架在山体的一边，可以绕至一些难以涉足的角落；他们还在莱茵河上铺建了一些简陋的石桥，除了盛夏的一些步行者外，这些石桥迄今也无法供人通过。他们修建公路所循的部分路线在 4 个世纪前就已被查理曼帝国的工程师们勘探过，但从未完成；到 13 世纪末时，一个携带一车货物的商人可以取道圣哥达山口，从瑞士北部的巴塞尔一直通往米兰，途中已经可以绝对保证他即便遭遇伤腿或碎石降落，损失也不会超过两头牲口。

据说，早在 1331 年，山口顶部就有一个招待所，尽管在 1820 年以前它不向马车开放，但这条通道很快成为南来北往的商人最心仪的路线之一。

当然这些翁特瓦尔登、乌里与施维茨州的好心人也收取一点点费用作为他们付出的辛苦的补偿。这笔稳定的收入，再加上这条国际化的商道，为卢塞恩与苏黎世等城市的发展带来推动力，这一切都给这些农民社区以崭新的独立感，这种独立感无疑使他们对哈布斯堡家族公开蔑视。

原谅我论述得如此平淡无奇，但确实是从这条繁忙的阿尔卑斯商道所获取的切实收入，促成了后来瑞士联邦政权的建立。瑞士联邦是一个极为有趣的政治实验品，它牢牢把握着世界上最有效的公共教育体制之一。政府机器运转得如此顺利有效，以至于当你突然问瑞士公民谁是他们的总统时，他们得思考好一阵。因为他们的国家由联邦委员会的 7 名成员治理，每年他们会指定一位新总统（通常是上一年的副总统），作为惯例，这一年新总统应从说德语的公民中指定，下一年就要从说法语的部分中指定，第三年就要从说意大利语的部分中指定。

然而这里的总统与美国总统不同。他只是联邦政府的暂时主席，而政府通过 7 张独立的嘴巴传达政令。总统除了主持联邦议会外，还是外务部的部长，但他的地位是如此不显眼，以至于他并无官方提供的办公大楼。当要招待外来访问者时，宴会在外务部的办公室举行，这些宴会更像在山间小峡谷的简单啤酒宴，而不大像法国总统或美国国会举行的半皇室规格的盛会。行政制度的主要细节极为复杂，不便在此赘述，但去过阿尔卑斯山一带的人总是记得，这里到处都有聪明诚实的人，他们总是希望人们也能聪明诚实地做事。

下面我们来看看瑞士的铁路建设。当然，这项工程会遇到无数困难。两条将意大利与北欧连接起来的干线都直穿瑞士的心脏地带。塞尼山隧道取道法国第戎与里昂，将巴黎与都灵（萨伏依王国过去的首都）连接起来。布伦纳线将德国南部与维也纳直接连接起来，尽管它穿越阿尔卑斯山，但它不经过任何隧道。然而辛普朗线与圣哥达线不仅是隧道通行家，还是真正的登山者。圣哥达线是其中较早的一条，它于1872年开始建造（实际开始的时间应为 1871 年），10 年后完工，挖隧道就花了 8 年时间。这条隧道长约 9 英里，到达近 4000 英尺高的地方。比这条隧道更有趣的是位于瓦森与格舍嫩之间的螺旋形隧道。因为峡谷很窄，连铺设一条铁轨的空间都没有，所以铁路不得不以攀爬的方式越过群山中央。在这些特殊的隧道外，还有 59 条其他隧道（个别几条有近 1 英里长）、9 条巨大的高架铁路和 48 座桥。

次等重要的是阿尔卑斯山北的辛普朗线，它取道法国第戎、瑞士洛桑（瑞士西南部城市，沃州首府。位于日内瓦湖北岸。交通枢纽。有食品、纺织、乐器、陶瓷、印刷、精密仪器等工业，葡萄酒酿造业甚盛。文化中心。洛桑管理学院是世界一流的著名学府与研究机构）与远至布里格的罗讷河河谷，直接连接着巴黎与米兰。它于1906年开通，恰好是在拿破仑著名的辛普朗山口公路工程竣工后一个世纪——那条公路包括250座大桥、350座小桥和10条长隧道，为彼时世界上最大的公路修建工程。辛普朗线的铺设比起圣哥达线而言容易得多，它沿罗讷河缓缓上升的河谷向上攀爬，直至抵达2000英尺的高度，并将此处作为隧道的起点。该隧道长12英里半，内铺双轨。将瑞士北部与辛普朗线和意大利西部连接起来的勒奇山隧道（长9英里）同样如此。

尽管本宁阿尔卑斯山是世界所有山脉中最窄的一座——辛普朗线穿越此处，但它却有自己独特的气候。这里约有不少于21座海拔1.2万英尺及以上的小四边形山峰，还有140条冰河，这些冰河有一个令人气愤的习惯，它们总是在一列国际大列车到达前几分钟将高架铁路桥冲毁。虽有这些水上灾害，但这里从未发生过事故，这一事实彰显了瑞士铁路工作者的高效。生活的艰辛危险使得“得过且过”的温和哲学得不到鼓励，每时每处，每个人都在保持观看、观察、关注。

然而，这种思想传统不利于他们在文学艺术领域取得成就。如在绘画、雕塑或音乐方面，瑞士人从未产生过冲出他们狭小国度的杰作。然而，世界上虽有很多艺术水平高的国家，但其中很少有哪个有资格吹嘘自己几个世纪以来从未间断政治经济的发展进步。这里的制度既然适合于瑞士百姓，我们还要苛求什么呢？

成长启示

一群普通的工人，可以修建出一条简易的公路；一条简易的公路，可以发展为繁忙的商道；一条繁忙的商道，可以成就一个稳定的国家。平凡的人如果坚持不懈地做有意义的事情，也能成就不平凡的业绩。

要点思考

1. 你认为瑞士得以独立的原因是什么呢？

2. 读完这一章，你认为是什么限制了瑞士在文学艺术领域上的发展？

第十一章　德国：朝气蓬勃的国家

导读

德国曾经十分贫穷，它由很多独立的小区域组成，经过多年的冲突与征服，才形成现在的国家格局。德国有很多城市位于商道交会处，矿物资源也为它带来了机遇。但真正让德国进入强国之列的是贫穷造就的性格。

仅出于方便起见，我将欧洲不同的国家按种族与文化标准分了类，且我开始粗略探讨的国家都是那些有确凿证据证明在其取得政治独立之前，皆为罗马殖民地的国家。

从俄国东部群山一路延伸至比利牛斯山的半环形大平原诞生了第聂伯河（欧洲第三大河，源出俄罗斯西北的瓦尔代丘陵，向南流经白俄罗斯、乌克兰，注入黑海。长2201千米，流域面积50.4万平方千米）、德维纳河、涅瓦河与伏尔加河。在日耳曼部落开始他们神秘的向西迁徙后不久，这片半环形平原的南部就为罗马人所控制。平原的东部那时就似乎已被那些诺曼底的斯拉夫种群占据，他们繁衍极快，遭到集体屠杀后很快就会得到补充，因此不可征服。因而当饥渴的条顿入侵者登上历史舞台时，唯一可能得手的就是东起维斯瓦河（波兰最大河流，源出南部西贝斯基德山。全长 1068 千米）、西至莱茵河三角洲的大片土地。波罗的海是其北部边界，而南方有一条由罗马的石屋组成的长长的防线，这条防线提醒所有新来的人，他们正在进入“禁区”。

该地区西部多山。首先，阿登高地和孚日山脉位于莱茵河西岸。然后是东西走向的黑森林、提洛尔山脉、厄尔士（“铁矿石”之意）山脉、巨人山脉，最后是几乎延伸至黑海的喀尔巴阡山脉。

这片地区的河流被迫向北方流去。依照它们自西向东出现的次序，首先是莱茵河，它是最具文学气息的河流。在莱茵河上，人们为它战斗与哭泣的次数要超过其他任何一条山间小溪。但莱茵河确实是一条极小的河流，亚马孙河大约有其 5 倍长，即便流经我们这里的俄亥俄河——我们不太把它当成一条河流——也比它长约 500 英里。然后是威悉河，其河口处坐落着不来梅。然后是易北河，它使汉堡形成了今天的面貌。然后是奥得河，这里诞生了斯德丁城，该城为柏林商品的出口港，也是其工业腹地。最后是维斯瓦河，河边的但泽如今是个自由市，由国际联盟指定的委员会管理。

千百万年前，这一地区到处为冰河所覆盖。当冰河退走后，这里留下了一片广阔的沙质荒地，荒地向北海和波罗的海蔓延，变成了人迹罕至的沼泽。这些北方的沼泽渐渐演变成了沙丘的边缘，这些沙丘从佛兰德海岸一路延伸至俄国边界附近的旧普鲁士首都哥尼斯堡（现为加里宁格勒市）。这些沙丘一旦形成，沼泽地就可以享受特殊的保护而不致受到海洋潮水的侵袭了。这意味着植被开始出现，一旦土壤适合生长树木，森林很快就会出现，这些彼此相似的森林转变为煤田，为我们的祖先提供了取之不尽的燃料。

北海与波罗的海分别为这片平原北部与西部的边界，“海”对于它们而言是恭维的称呼。它们事实上就是浅水池。北海平均深度仅为 60 英寻（英美制计量水深的单位，1 英寻等于 6 英尺，约合 1.829 米），其最深处也不超过 400 英寻。波罗的海平均深度为 36 英寻。然而大西洋的平均深度为 2170 英寻，太平洋则为 2240 英寻。这些数字表明，你最好将北海与波罗的海视作沉没的峡谷。地球表面轻微的上升就会再次将它们变为干燥的陆地。

现在让我们看一看德国大陆的地图。我意指当今的地图，自从人类循着退却的冰河来到此地，他们就永远定居在这块古老的大陆上了。

这里最早的移民是野蛮人。他们以捕杀野生动物、种植一点儿谷物为生。但是他们是拥有极为坚定的审美观的野蛮人，当他们自己的地域上缺少做饰物的金属时，他们为了寻找金银就不得不迁出此地。

下面的论述可能对许多读者来讲稍为惊人，所有原始的商道都是奢侈品的商道。所有早期居住在不同地区的种族间的竞争都是奢侈品的竞争。罗马人从商人那里了解了北欧的地理概况，这些商人为了寻找琥珀（由地质时期的植物树脂经石化而成的有机宝石。包裹有昆虫者尤为珍贵。非晶质，透明至半透明块体，呈不规则或泪滴状。蜡黄至红褐色，也可为白色，树脂光泽。品质佳者用于制作首饰和工艺品。中医学上用作化瘀、利尿、镇惊安神药。波罗的海沿岸是世界琥珀的重要产地），远至神秘的波罗的海。这种坚硬有形的石化树脂有时可以在牡蛎体内发现，女人也用它吸引别人对其耳朵的美丽曲线和其纤细手指的注意。

龙涎香——在抹香鲸肠道中发现的一种物质——的发现，在温和的英国人中掀起了对不幸的鲸鱼的凶恶捕杀的渴求，这驱使更多的船只驶向巴西海岸、马达加斯加海岸与马鲁古群岛（旧称“摩鹿加群岛”，印度尼西亚东北部岛群。由哈马黑拉、塞兰和布鲁等千余个岛屿组成。多为火山岛，有“香料群岛”之称），势头比寻找鲱鱼和沙丁鱼等有用的食物还要猛。因为龙涎香是制作许多闻起来香气扑鼻的香水的原料，而在遥远的大陆上，食物就是食物，龙涎香不会引起他们的半点儿兴趣。

一旦巴黎决定帽子应该以鹭鸶（lùsī，白鹭）羽毛来装饰，那些猎人就立刻在鹭鸶后面穷追不舍，企图拔掉它们头上的羽毛。

一旦什么东西稀少且昂贵，它就会一直成为一些人崇拜的对象，这些人希望通过挥霍的方式给其不幸的邻居留下深刻印象。即便在人类历史初期，奢侈品并非必需品时，他们就已经是勘探道路上的真正先锋了。当我们认真研究史前的德国地图，我们仍会寻到古老的奢侈品商道，因为这些商道古时与中世纪的状况和现代大体相同。

现在看看约 3000 年前的状况。南方的群山——哈茨山（位于德国中部，是著名的旅游胜地）、厄尔士山脉和巨人山脉都位于距海几百英里的地方。如今向北延伸到北海与波罗的海的平原还没有从沼泽变为干燥的陆地，更没有生长出稠密的森林。在南方群山间，定居于山谷中的部族砍伐自己的树木，将其卖给在莱茵河与多瑙河一带占据战略要地的罗马人。在其他地区，没有一个早期的条顿诺曼人和农民见过罗马人。一支罗马远征军曾试图深入该国中部，却在漆黑而积水的山谷中了埋伏，被杀了个精光，以致这个尝试一直没有进行第二次。然而这并不意味着北部的德国彻底切断了与世界其他地区的联系。

由西向东的史前大商道从伊比利亚半岛延伸至俄国大平原，

循着从比利牛斯山通往巴黎的路线，经过普瓦捷与图尔（法国中西部的一座城市，位于卢瓦尔河谷，地势南北高中间低。是法国西部最大的陆上交通枢纽）的间隙地带，然后它绕过阿登高原，沿着欧洲中部高原的外部，一直到达苏联占据的北部低地。这条通道在其向东延伸的过程中穿过很多河流，它的穿越处都是一些便利的浅滩。正如罗马就是建立在台伯河的浅滩上一样，德国北部的许多城市同样如此，只不过，我们如今在那些史前和人类历史早期聚居地的原址上找到的，往往是给养站与粮仓。汉诺威（德国北部重要的工商业中心）、柏林、马格德堡（德国中北部的一座城市，位于易北河畔）等城市都是这样起源的。尽管莱比锡最开始是斯拉夫人土地上的一个村庄，但也起源于商业，因为这里是来自撒克逊群山间的矿产——银、铅、铜和铁等——集中装运的地方，然后这些矿产沿河流运走，卖给聚集在东西走向的大商道上的商人。

当然，一旦这条道路到达莱茵河畔，水路交通就开始激烈地与长途运输的陆路商队进行竞争。水路交通总是比陆路交通便宜方便。

柏林虽与耶路撒冷异常遥远，但两座城市都遵循了同样的地理规律，即城市都建在重要商道的交叉处。耶路撒冷位于连接巴伐利亚和腓尼基、大马士革和埃及的马车要道旁，早在犹太人的名号为人所知前，这里就是重要的商贸中心。柏林紧邻河岸，由西向东的商路与由西北至东南的商路（用现代的地名来说，就是从巴黎至圣彼得堡的商路与从汉堡至君士坦丁堡的商路）刚好在此交会，故而它一跃成为第二个耶路撒冷。

在整个中世纪期间，德国由很多半独立的国家组成，直至300多年前也还没有迹象显示有一天这片欧洲大平原的西部地带会跻（jī）身世界领军国家行列。霍亨索伦家族（德意志的统治家族。始祖为索伦伯爵弗里德里希三世。1227 年分为两支。一为法兰克尼亚系。1415 年，该系的纽伦堡伯爵弗里德里希六世建霍亨索伦王朝。该朝先后统治过勃兰登堡侯国、普鲁士王国、德意志帝国；1918 年德国十一月革命爆发后，其统治被推翻。一为士瓦本系）的一名非同寻常的能人不仅参与新教的事业，而且采纳了马丁·路德的建议，自封为普鲁士世袭公爵，将但泽湾附近的哥尼斯堡作为自己的首都。17 世纪初，这个公国被霍亨索伦家族另一股勤劳精明的势力所攫取。这股势力自从 15 世纪中期就开始管理勃兰登堡的沙质荒地，100 年之后，当这些勃兰登堡的暴发户觉得自己强大到可以超越“帝选侯”的地位，他们便开始将激情投入到争当国王的事业中了。

神圣罗马帝国的皇帝支持他们。同类互不相残是一个规律，哈布斯堡家族乐于为其好友霍亨索伦家族提供一些小帮助。他们难道不是一伙的吗？1871 年，第 7 位霍亨索伦家族的普鲁士国王成为统一的德意志王国的首位皇帝。1918 年，第 9 位普鲁士国王和现代德国的第 3 位皇帝被迫离开他的王位和国家，那是一大统治集团的终结，它开始时是落魄的十字军团残余部队，终结时是工业主义和资本主义的伟大时代里最强大的力量。

现在一切都结束了，但我们也必须诚实地面对这一切，要承认这些提洛尔族的山民具有惊人的才能，他们至少足够聪明，能笼络一些有杰出才干的仆人。因为你得记着他们的原始领地不具备任何一种自然资源。普鲁士曾为一片满是农田、森林、沙子和沼泽的土地。它生产不出任何一种可供出口的商品，而出口是一个国家保持适当的贸易平衡的唯一途径。

当德国人知道从甜菜中提取糖的方法后，情况稍微有所好转。然而蔗糖仍旧比甜菜糖成本低廉，而且蔗糖可以从西印度公司通过海运进口，所以这对于普鲁士人和勃兰登堡家族而言所赚无几。但是当拿破仑在特拉法尔加战役中丧失了其海军后，他决定通过一种“反向封锁”来摧毁英国，于是，当时兴起了一股突如其来但极为稳定的对普鲁士甜菜糖的需求。与此同时，德国化学家证明了碳酸钾的价值，因为普鲁士藏有大量的碳酸钾资源，这个国家最终可以开始为国外市场服务了。

霍亨索伦家族总是幸运的。在拿破仑战败后，普鲁士夺取了莱茵河地区。这里起先并无什么特殊价值，直到工业革命开始，这里的煤铁资源才为该地带来了额外收入。非常出乎意料，普鲁士发现自身拥有丰富的矿脉和煤矿资源。而后，此前500年在贫穷中的艰苦锻炼最终结出果实了。贫穷已教会德国人如何勤俭节约，贫穷现在又教会他们如何扩大生产，如何廉价销售，以此胜过其他国家。当土地上已不再有足够空间承载迅速繁衍的小孩儿时，他们将目光转向大海。只用了不到半个世纪的时间，他们就跻身从航运业中获得大量收入的领军国家行列。

为保证多数人过上相当美好的生活，人类智慧所能做到的，德国都做到了。在世界大战以前，德国的普通农民和工人尽管并不富裕，且为严格的纪律所约束，但很可能比其他地区相同阶层的民众生活条件更好，食物营养更为丰富，大体上抵御意外事故与面对衰老时的保护措施也更为完善。

这些是如何因为不幸的世界大战的爆发而被破坏的？这是个非常悲惨的故事，但这并非本书述及的范围。作为战败国，德国丧失了阿尔萨斯和洛林的繁荣的工业区，还丧失了它的殖民地和许多宝贵的矿藏，最后能够被控制的就只剩下纺织业了。

从政治角度讲，《凡尔赛和约》可能是一份出色的文件。从实用地理学角度讲，它却使人对欧洲的前途感到绝望。德国在战争中付出了惨重的代价。

成长启示

经过一代代人不断的积累，德国基本上发展成了一个让人民衣食无忧的国家。然而，这种局面被世界大战打破，德国也丧失了财富和它在世界上的地位。战争会对一个国家的经济、政治、文明带来毁灭性的破坏，会给人民带来难以磨灭的伤痛。反对战争，珍爱和平，才能让我们的家园获得发展，才能让人民获得稳定、幸福的生活。

要点思考

1. 你知道琥珀是怎样形成的吗？

2. 德国作为世界大战的战败国，付出了惨重的代价，你怎么看待这些历史过往？

第十二章　荷兰：沼泽地中崛起的帝国

导读

荷兰地势低洼，甚至低于海平面。荷兰人却在这片低地里成功地发展壮大起来，还成了殖民大国。荷兰人取得这样的成功，同样和他们的环境有关，也跟环境造就的荷兰精神有关，你知道他们是怎样做到的吗？

荷兰位于海平面以下 2～16 英尺的低洼地区。如果再发生一次史前大洪水，那么荷兰的阿姆斯特丹、鹿特丹和其他重要的城市都将消失于地表。

但这个国家相对的弱点也成了它巨大的原动力。因为在北海沿岸的沼泽中，国家难以产生。既然自然条件不够充分，人类就得创造条件。在人类才华与无情的自然力量间的坎坷抗争过程中，荷兰人民是胜利者。这使他们变得坚忍且始终保持警戒。在我们居住的这个世界上，这些品质很有价值。

当罗马人到达这块欧洲大陆上遥远而孤寂的地方时，该地尽为沼泽覆盖。一排沙丘从比利时一直延伸至丹麦，并保护着该地不受北海的侵袭。这些沙丘被大量河流与小溪互相隔开，且间隔并不规则。其中最重要的河流是莱茵河、默兹河与斯海尔德河。这些河水自由流动，未被任何堤防阻碍，每年春天它们改变自己的流向，在从来没有岛屿的地区建造岛屿，并将大量如曼哈顿岛般坚固的陆地残迹冲走。我并未夸张。在13 世纪一个有据可查的事件中，7 座村庄和几乎 10 万民众在一夜之间就消失了。

相对他们住在坚固陆地上的佛兰德邻居来说，这些早期荷兰人的生存境遇非常悲惨；但波罗的海的水温或含盐量的神秘变化又给他们以机遇。有一天——绝对突如其来，鲱鱼从波罗的海进入了北海。那个时代欧洲所有居民都要在星期五吃鱼，鱼是人类的主食，其重要性要比今天大得多，所以这一现象绝对意味着大量波罗的海沿岸城市的衰落和相应数量的荷兰城镇的突然兴旺，这些荷兰城镇开始向南欧供应鱼干，这相当于我们今天的罐头。在渔业贸易之外又诞生了谷物贸易，在谷物贸易之外又出现了与印度香料群岛的贸易。其中没有任何特别之处。这完全是一个商业国家的正常发展。

但命运无视任何现实的考虑，将“低地国家”并入哈布斯堡家族统治的帝国，宣布这个满是健壮的农民和渔民的国家要受制于残酷的官吏。动乱发生了，它以争取自由为名，延续了 80 年，最终以低地国家民众的彻底胜利而结束。

新成立的政权的统治者勤恳而实际，他们真诚地信仰“自己生存的同时也让他人生存”的原则，尤其是当自己有利可图之时。因此他们向那些在较不幸的国家里因为信念、宗教信仰或其他缘故而遭到迫害的人热情地敞开怀抱，提供保护。多数避难者（除了一小撮暧昧的英国反对派，但他们未在荷兰居住很久）成为该国忠诚的子民，这给了他们开始一项崭新而愉快的事业的机会。作为律条，他们的前任主人剥夺了他们所有的动产，将他们的积蓄充公。但他们不论到哪里，都将自己的老本领随身携带，于是他们毫无保留地将这些傍身的老本领投入到第二故乡的商业与文明发展中。当独立战争结束，住在建于古老湖泊或内陆海底部的小城中的百万民众大胆地占据了欧亚大陆的领导地位，并将其地位延续了三代。

然后他们开始投资——为自己购买大量乡下不动产和外国美术品（洋货当然总是比由本国天才创作的作品好得多），并受人尊敬地度日。然而破坏容易建设难，不管是财富还是民族的文化或人类的思想，我们都应该认真地对待和维护，让它们发挥出好的影响，促进人类不断进步。

在 19 世纪早期，他们的好日子结束了。只懂得打胜仗用得着的地理知识的拿破仑宣布，既然低地国家不过是一块由三条法国河流——莱茵河、默兹河与斯海尔德河——形成的三角洲，由地理谱系所决定，该国应属法兰西帝国。于是，荷兰在地图上消失，成为法国的一个省。

然而该国于 1815 年重获独立，又回到了努力进取的道路上。荷兰的殖民地是其本土的 62 倍大，这使得诸如阿姆斯特丹和鹿特丹等城市成功地保持了自己作为印度产品的集散中心的地位。荷兰从未成为真正意义上的工业国家。除了在最南方有一点点品质极差的煤炭外，该国没有原材料，因此为其殖民地提供的货物还占不到其殖民地总进口货物的 6%。但爪哇、苏门答腊、马鲁古群岛、婆罗洲和西里伯斯岛的茶叶、咖啡、橡胶以及奎宁种植业的发展需要大量的资本，这一现实成就了阿姆斯特丹作为金融交易中心的领先地位。个人和国家纷纷来这里借钱，欧洲进出口货物的必要搬运又使荷兰在国际运输吨位排行上保持第 5 名的位置。

荷兰国内贸易的运输吨位要高于其他任何国家。该国布满了便利的水路，呈蜂窝状，而运河交通就成了铁路最危险的竞争对手，因为前者的成本可以最小化，而周旋于男人、女人、奶牛、马和狗之间的人们并不看重时间，直到最近，时间观念才稍显重要。

那些运河中的很大部分都是排水渠，因为依照常规标准来看，这个王国的疆域里压根没有陆地。这里不过是人们通过数不尽的劳动从鱼类和海豹手中夺来的一块海洋底部，通过人工方法和永远的警觉保持其干燥。自 1450 年至今，该国增加的上千平方英里的土地，都是通过排干沼泽、填湖为田的方法得来的。这样造田其实非常简单——如果你知道如何来做。首先，在你注定要毁掉的水泊四周围上堤防，在堤防外部挖一条宽而深的运河，这条运河连着最近的河流，通过复杂的水闸系统，日常多余的水就可以排入河流。其次，当这一切完成后，你要在那条大堤防顶部建一些风车和抽水机。风或小型汽油机将完成剩余的工作。当所有水从湖中排净，并排入运河后，在这块新"田地"上挖若干条相互平行的沟渠，并保证风车和汽油机一直开动，它们会完成必要的抽水工作。

有的开拓地非常宽广，承载着多达 2 万居民。如果须德海被排干的话（这项工程可能成本稍高，因为每个国家都濒于破产），将会有至少可容纳 10 万居民的陆地出现。因为该国整整 1/4 的国土都由这样的开拓地构成，所以你会很容易理解荷兰的河流、运河和堤坝管理部每年如何花费掉政府的大量投入，耗资要远高于其他政府部门。这里低矮的地表与土地高度的肥沃形成鲜明对比，东部高些的地区——在这里，欧洲中央大平原在由莱茵河、默兹河与斯海尔德河形成的广阔而多淤泥的三角洲前面与大海相遇——几乎毫无利用价值。数千年来，这里一直是由北欧冰河运来的大石头和鹅卵石的卸载处。这里的土壤在某种程度上与新英格兰的土壤类似，只是它更为多沙，由此，也在荷兰王国的统计数字上显现了奇怪的现象：一个每平方英里就有 625 人的人口密集的国家（法国仅有 191 人，而俄国为 17 人），竟然携带一个这样的包袱，即超过 25%的土地都是“实质上不能生长任何作物的区域”（法国的比例为不超过 15%，德国不到 9%）。

这条划分东方与西方、肥沃与贫瘠的令人好奇的、严格的界线也产生了更为重要的作用，它正位于开拓地中心的三角洲的城镇带。阿姆斯特丹、哈勒姆、莱顿、海牙、代夫特以及鹿特丹，彼此如此接近，以至于它们实际上形成了一座大城市。它们都位于防护大堤附近，这条大堤用来防止沙丘的侵袭，在这些沙丘底部，3 个世纪前的荷兰人开始养殖并完善一种美丽的小型球状花卉，叫作“郁金香”，这是他们的商人从波斯和亚美尼亚带回来的。

在荷兰，任何一辆气喘吁吁的老旧廉价小汽车都会在几个小时内带着你从这个国家的一端走到另一端。荷兰这块在莱茵河、北海与须德海之间的条带状陆地，很可能比任何其他大小近似的地区对我们的艺术与科学做出的贡献都要大——仅次于阿提卡地区。雅典是一块贫瘠的岩石，而荷兰是一处积水的沼泽。但它们有两个共同点，这两个共同点使它们突然获得了名誉——从国际贸易的角度讲，它们都拥有一个优秀的地理位置，还有过于充足的野性精神和求知欲望，这种精神和欲望自从他们被迫选择战斗或者灭绝的时代就开始了。他们的荣耀是与生俱来的。

成长启示

生存的条件有利有弊，关键在于我们如何利用。荷兰人民即使是在低于海平面的土地上，在人地不均的紧张环境中，也能够凭借自身顽强的意志开拓出一片生存的土地，这源于他们不屈不挠的精神。在不利的环境中，如何通过强大的意志和毅力对环境做出改变，使环境为我们所用，是我们应该向荷兰人民学习的。

要点思考

1. “自己生存的同时也让他人生存”这句话对你在人际交往方面有什么启发？

2. 荷兰人是如何利用自己的地形特点生活的？

第十三章　英国：盛极一时的小小岛国

导读

欧洲西北部的英国是个岛国，也是个联合王国。在这个岛上，罗马人带来过古代文明，蛮族又毁灭了那些文明。这个深深影响了全球发展的岛国究竟有什么奥秘？让我们从它的地理和历史中去一探究竟。

在几年前，这一章的名字还会是“大不列颠及爱尔兰联合王国”。但是由于人类将造物主的安排强行做了改动，一个在地理上连在一体的“大不列颠及爱尔兰联合王国”被一分为二了。

从海洋上吹来的风一路由西到东，携带着数亿吨的水汽，随后浸湿土地，润泽空气，将陆地覆盖上一层宽广的草坪和蕨类植物（植物的一大类，远古时多为高大树木，现代的多为草本，有根、茎和叶子，茎有维管束，叶子通常较小，用孢子繁殖，生长在森林和山野的阴湿地带，如蕨、石松等），为灌木与树木的存续安排各种条件。夜以继日，年复一年，不知疲倦的波浪敲打着、冲击着、磨碾着、压踏着、雕琢着，当阳光一直照在上面，积雪就会破碎而融化，这样陆地沿岸就会萎缩并粉碎。然后突然，冰层——这个缓慢而无情的死亡之墙呻吟着沿高大山脉最陡峭的表面向上攀爬，沉重的隆隆声回荡在宽阔的峡谷中，于是深深的山峡和狭窄的溪谷被冰水以及无用的、从山顶滑落的岩石碎块填满。

阳光照耀——雨水冲击——冰层破裂并蔓延——波浪侵蚀——四季更替，最终人类出现，这正是他所看到的世界。一条长长的陆地带，被一条从北冰洋一路延伸至比斯开湾的多水峡谷与世界其余部分分离，还有一片在波浪中升起的高原，被一片难以驾驭且波浪起伏的大海与那条狭窄的陆地带隔断——几块孤独的岩石浮现于海面上，它们只能供海鸥栖息，而不适合人类居住。

这正是英国形成所经历的模糊的道路。现在让我们看看地图，看看它为我们展现了什么。

在东部，英国与北海邻接，北海实际上不过是一个古老的洼地，逐渐被填满了水。再看一眼地图吧，一切将一目了然。紧接着，我们看到一条像是穿越街道的沟渠，这是英吉利海峡与北海；然后就看到了英国的中央大平原，岛上最低的地方，伦敦就在这里；接着是威尔士的高山和另一块洼地——爱尔兰海；然后是爱尔兰中央大平原、爱尔兰群山、与西部遥遥相望的几块孤独的岩石——岩石顶部浮现于浅海以上；最后是圣基达尔岛（一年前这里还不适于定居，因为到达这里很困难）；然后我们突然向下、向下、再向下，就到了真正的海洋，宽广的亚欧大陆走到了尽头，不管是沉没的还是半沉没的，全都走向了尽头。

对于环绕英国的不同海洋和海湾、海峡，我最好多少进行些详细描述。现在我们位于一处经典的地理环境中，因为这块奇怪的岛屿影响了世界上每一个人的生活至少长达 4 个世纪。然而，这并非完全是机遇或种族优势的结果。英国人最大限度地利用了自身的机遇，这无疑是真的。但大自然也赐予他们无穷的优势，它将这块可爱的岛屿置于东半球诸多陆地的正中间。如果你想理解这意味着什么，想想可怜的澳大利亚吧，它迷失于辽阔的海水中央，一切都要靠自己，没有邻居，没有从外界引进新思想的任何机会。将澳大利亚的地理位置与英国比较，你会发现后者就像网中央的蜘蛛，与世界四角的距离相同，然而澳大利亚不像蜘蛛，因为它被充满咸水的护城河保护着，这使它可以不受其他人的侵袭。

当然，只要地中海仍旧为文明中心，这个特殊的地理位置就并无多少优势可言。在 15 世纪末以前，英国就是一个略微偏僻的岛屿，它在人们心中的地位就和今日的冰岛一样，仅仅是一处有意思的地方——有趣的岛屿——但太遥远了——这意味着我要晕船晕上 5 天。

一年 2/3 的时间，风自西吹来（不曾间断），这意味着大量的降雨，如果一个人在伦敦冬季时居住过一些时日，他一定会印象深刻。今日的农业不再像千年甚至百年前那样绝对依赖大自然。诚然，我们仍不能人工降雨，但化学工程师教会了我们如何克服许多困难。不列颠群岛的一个横截面显示，群岛就像一个汤盘，西部比东部的坡度要大得多。这是一个前面提到过的事实，即英国是一个非常古老的大陆的一部分，曾经覆盖着东部的最古老的群山被风和水彻底冲掉了，而西部年轻的山体仍高高耸立，在下个 1000 万或 1500 万年间不会消失。这些年轻的群山被称作威尔士山脉（一些原始凯尔特语最后的保留地之一），它们如屏障一样，挡住大西洋上的暴风雨，不让它们触碰到东部大平原，使得东部大平原享受着适于种植谷物与饲养牛群的近乎理想的气候。

因为蒸汽船的发明，所以我们可以从阿根廷或芝加哥订购谷物；因为以从世界一端至另一端的冻肉运输为目的冷藏技术被引进，所以只要是能付得起钱的国家，就可以不再依赖于自己的农场和田地来养活自己的民众。但在100年前，手握粮食者还是世界的主人。只要他将其食品库的大门锁上，就会有数百万人慢慢饿死。由南部的英吉利海峡、西部的塞文河（这条河将威尔士与英格兰分开，并流入英吉利海峡）、北部的亨伯河三角洲和默西河以及东部的北海一起围出了一片宽广的平原，这片平原成为旧时英国最重要的地区，因为这里出产大量的粮食作物。

当然，当我说到平原，我所指的并非我们大家所熟悉的“平原”之意。英国中部的大平原并非像美国堪萨斯州般平如煎饼，而是此起彼伏。泰晤士河流经其中心地带。泰晤士河源自柯兹沃尔德丘陵，该丘陵地带因为绵羊和巴斯城而闻名，自从罗马时代开始，不列颠的厨师们就聚集于此，这些自找苦吃者享受滚热的钙、钠浴，并进一步吃厚片的半生牛肉和半生蔬菜以强身健体。

然后泰晤士河在奇尔顿丘陵与白马丘陵间流淌，为牛津大学的划船训练提供了方便，这条河最终进入低矮的泰晤士峡谷，该峡谷位于东盎格鲁山的低矮群山与北部高地之间。要不是勤勤恳恳忙着连接北海与大西洋的多佛尔海峡（英吉利海峡东端的一条狭窄海峡，在英国东南部和法国北部之间）截断了它在那柔软的白垩（白色疏松土状的石灰岩。主要由颗石藻等海洋浮游生物的微体化石组成。是烧制石灰和水泥等的原料，也用来制造粉笔）土地上蔓延的河道，泰晤士河多半会一直流到法国去。

这条河畔上坐落着世界上最大的城镇。像罗马以及可追溯至遥远而模糊的年代的其他多数城市一样，伦敦不是意外形成的，也不是权力一时兴起的结果。它坐落于此，是经济发展的结果。为了从英国南部去往英国北部，而不必依赖众所周知的穷凶极恶的部落摆渡者，修建一座大桥是必要的。伦敦故而兴起于河流无法继续通航的地方，而且此处的河面不太宽阔，这使得那个时候的工程师可以在那里修建些什么——它会确保民众和商人从一处海岸到达另一处海岸而不会弄湿他们的双脚。当罗马人离开后，不列颠群岛上的很多事物都有所改变，但伦敦保持不变，今日它拥有 800 万人口，比纽约多了整整 100 万。它的面积是古巴比伦的 5 倍，巴黎的 4 倍。伦敦充满了低矮建筑。英国人出于坚持其隐私权的考虑，拒绝居住在蜂房般的建筑中，结果伦敦向水平方向发展，而我们美国的城市有向垂直方向发展的趋势。

伦敦中心的“城区”如今只是个工作场所。在 1800 年，这里仍拥有 13 万居民。此后居民数量缩至不到 1.4 万。但每天几乎有 50 万人进入城区，他们管理着数亿的资本——不算其广大的海外国土，这是英国在其海外公司的投资，他们还监督着数不清的殖民地产品的销售，从塔桥（英国伦敦泰晤士河上的一座桥，为伦敦城的象征。两端各有一座花岗岩和钢铁结构的五层方形高塔）一直到 20 英里以外的伦敦桥下的储藏室中，殖民地产品到处都是。

因为泰晤士河必须一直保持开放的航运，所以管理航运的唯一方法便是在河流两边修建码头和仓库。那些想要理解国际贸易真实含义的人应该参观伦敦的这些码头。这会给他们一种不舒服的感觉，即纽约终究不过是一个省里的村庄，离商贸的主要高速公路稍显遥远，没有什么特殊的重要性。事实上，这一点可能会改变。商贸中心似乎有西移之势，但是伦敦仍旧在国际贸易的技术知识上占有优势，而纽约仅仅开始起步。

恐怕我说得太远了。现在我不得不暂时回溯至 1500 年的英国平原。其整个南部边缘地带尽是山脉。在最西部坐落着康沃尔半岛，它是布列塔尼半岛在地理上的延伸，只是中间隔了个英吉利海峡。康沃尔半岛是一块令人好奇的土地，直到两个世纪前，此地还保留着凯尔特方言，这里奇怪的巨石纪念碑在各方面都与布列塔尼上的相似，于是一个理论得以衍生：很久以前这两个地区一定居住着同样的种族。顺便说一句，康沃尔是被来自地中海的航海者们所发现的不列颠群岛上的第一个地方。腓尼基人对铅、锌和铜的需求使他们抵达了锡利群岛之类的遥远北方。在那里，他们遇见了这些来自雾气沼沼的大陆的野蛮人，并予以攻击。

该地区最重要的城市是普利茅斯（英国主要商港和军港，位于英格兰西南部，临英吉利海峡。有机床、精密仪器和化工等工业。渔业甚盛。有普利茅斯大学，以海洋和地球研究为主。南端的德文波特为英国重要的海军基地），这是个军用港口，泊船不多，仅偶尔有一两艘大西洋的轮船。康沃尔另一侧坐落着布里斯托尔湾（大西洋的一个海湾，从塞文河向西延伸，把威尔士同英格兰西南部分开），在公元 17 世纪的地图上名为“错误的海峡”，因为从美洲返回的船长极易将其误认为英吉利海峡，然后船只就会在这片海浪可能高至 40 英尺的可怕水域中失事。

布里斯托尔湾北部坐落着威尔士群山。它们无人在意，直到人们在其中发现了煤和铁的矿床，还有附近的安格尔西岛上的铜矿为止，这些资源将这个地区变为整个王国最富有的工业区之一。加的夫（威尔士首府，重要港口和工业中心，位于布里斯托尔湾北岸。附近产煤、铁，曾为重要煤炭输出港。有钢铁、机械、纺织、食品加工等工业，金融和旅游业发达）是旧时罗马要塞，现在是世界上最大的煤炭资源中心之一。它由一条穿越塞文河底的铁路与伦敦相连。这条隧道在工程界几乎赢得了与将威尔士陆地与安格尔西岛和霍利黑德岛连接起来的桥梁同样崇高的名誉。霍利黑德岛是前往爱尔兰都柏林的港口金斯敦的出发点。

在英格兰古老的四边形土地上，每座城市和村庄都有着久远的历史，以致我几乎害怕提及它们的名字，因为如此一来我有使这本书成为英国地理而非世界地理之嫌。这个国家至今仍为地主阶层的大本营。在法国，大片土地归于一人的情况不是没有，但极为稀少，法国的地主数量是不列颠这个地区的 10 倍。在丹麦，这项人口比例的差距更大。乡下地主阶层先前的重要性几乎丧失殆尽，现在他们仅作为一个社会阶层幸存下来，向世界其他地区的人教授穿高尔夫球裤的正确方法以及靠捕杀我们有时称为“我们的沉默朋友”的动物而消磨时光。这并非由于他们自己缺乏美德，而是我们经济生活中的突变带来的结果，这一突变是由詹姆斯·瓦特发明了实用有效的蒸汽机引起的。当格拉斯哥大学的这位喜好数学的发明家开始摆弄他祖母的茶壶时，蒸汽机还不过是一种被用在水泵上的小玩意儿。当他去世后，蒸汽机已经占据了统治地位，土地不再是富人的资源了。

之后，在 19 世纪的头 40 年里，有史以来位于南方的经济重心向北移至兰开夏郡，那里的蒸汽机操纵着曼彻斯特的棉纺织厂，在约克郡，蒸汽机将利兹（英国英格兰中北部城市。位于艾尔河畔，有运河西南通利物浦，东达金斯顿。14 世纪建立纺织工业，产业革命中成为英国毛纺织生产和交易中心之一）和布拉德福德（英国英格兰西约克郡的一个城市，与利兹市相邻，是毛纺织工业中心）变成整个世界的毛纺织工业中心，还有所谓的黑区（以伯明翰为中心的英格兰中西部工业高度集中的地区。因工厂排放的浓烟和其他工业污染物而得名），那里的马力使伯明翰成为数百万吨钢板与钢梁的生产之地，我们需要它们来建造轮船，而这些轮船定会携带不列颠群岛的产品远至世界的尽头。

蒸汽动力取代人力是人类所经历过的最剧烈的革命。当然机器不会自己思考，它们需要特定数量的“服务员”来喂养、护理，告诉它们何时开动何时停止。作为对这些非常简易的服务的回报，农民被许诺得到他们眼中的财富。乡下人听从了城市的召唤。城市剧烈膨胀，房产商富裕起来。在极短的时间内，80％的农村人口迁入城镇。然后英国积累了大量的盈余财富，即便其资产消耗殆尽，这些盈余财富也会确保其继续前进。

现如今许多人自问道，这一点是否真的达到了，只有时间能回答。时间，意味着再过 10 年或 20 年。但对未发生的事情的期待会非常有趣。至今为止，大英帝国是一系列突发事件的产物。在这一点上它极似罗马帝国。罗马帝国是地中海文明的中心，为了不丧失掉自身的独立地位，它不得不征服其邻国。而一旦英国成为大西洋文明的中心，很快它就得被迫采取同样的政策。现在，世界范围内的勘探征服时代似乎最终结束了，商业和文明开始向大洋彼岸转移，几年前还是一个大帝国心脏的地方很快就沦为一座人口过剩的岛屿，这不能不令人惊叹。

这看起来太糟糕了。但这就是我们这颗星球上事物发展的通常状态。

苏格兰

苏格兰到处坐落着令人不适的山峰，这里居住着牧羊人和野蛮人。他们的生活方式传奇般地简朴，沿母系而非父系血统，这一点与世界其他地区不同。这里没有公路，仅有少数陡峭的、连马都难以行走的小路，他们用凶残的暴力抵抗欲用文明同化他们的任何努力，以至于最佳的政策看来就是彻底别管他们。但因为他们都是厉害的耕牛偷盗者，还能突然从山上冲下来偷窃切维厄特丘陵（沿着英格兰与苏格兰边界的一系列丘陵）的绵羊以及坎伯兰郡的奶牛，所以修建一堵高墙以保护这些地区是明智的，这堵墙从泰恩河一直延伸至索尔韦湾，并以利刃或刑罚迫使他们老实地待在墙外。

在罗马统治英国的4个世纪中，除了少数几次惩罚性的远征外，苏格兰人很少暴露于外界文明下。他们与在爱尔兰的凯尔特兄弟继续着古老的贸易往来，但他们的需求很少，几乎不与世界其他地区进行接触。古老的罗马高墙已不复存在，然而即便今日，苏格兰人在很大程度上仍过着自己的生活，但他们已经发展出了一种自己的文化。

苏格兰的贫瘠可能帮助他们保住了自身的独立性。他们那里大部分地区多山。在人类出现很久很久以前，这些山如阿尔卑斯山一样高。风雨的侵蚀渐渐磨平了它们，地壳变化做了其余的工作。然后是冰层，与覆盖斯堪的纳维亚的是同样的冰层，于是积累于峡谷中的少量土壤被冲走。毋庸置疑，苏格兰仅有10%的人口还能继续在这片高地上生活，其余90%的人口都聚集于低地地区，这个地区呈狭窄的带状，从西边的克莱德河（源于南苏格兰高地，西北流经格拉斯哥等地，注入克莱德湾。长170千米，上游多瀑布，建有水电站）延伸至东边的福斯湾（在英国苏格兰东岸，福斯河的入海口），大部分地区宽不出50英里。在这个峡谷中有一条裂口，它位于两座因火山活动而形成的山脉之间（其多数城堡都建于死火山口），这里坐落着苏格兰最大的两座城市，一座是其古代首都爱丁堡（苏格兰首府，位于福斯湾南岸。由于海拔较低，常有浓厚的烟雾笼罩其上而一度被称为“美丽的烟雾之城”），另一座是格拉斯哥，后者是煤铁加工、造船业以及制造业兴旺的现代都市。这两座城市由一条运河连接着。另一条从福斯湾通向默里港的运河允许小型轮船从大西洋直通向北海，而不用被迫行驶在奥克尼群岛与设德兰群岛间崎岖的水面上，设德兰群岛是一块庞大陆地的残迹，这块陆地从爱尔兰一直延至挪威的北角。

但能使格拉斯哥繁荣的并非能使整个国家繁荣，而且普通的苏格兰农民每天要花费很多时间来寻找食物，寻到的食物也不过刚刚能够满足生存所需罢了。这也许会使他在花费他那点儿辛苦挣来的便士时过于“节俭”，但同时也教会了他们一切要依靠自己的努力、依靠自己的智慧和勇气，而不要管其他族群说些什么的道理。

伊丽莎白女王去世后，英国的王权落入其苏格兰远亲，即斯图亚特王朝的詹姆斯手中，这一历史变故使苏格兰成为大英帝国的一部分。此后苏格兰人可以随意进入英格兰，如果这个岛屿对于他们的雄心壮志来说过于狭小，他们就可以到自己的帝国所及之处到处游逛。他们的节俭、智慧以及冷静、自制，使他们成为担当遥远地区的行省领导的理想人选。

爱尔兰

在美洲被发现后，爱尔兰是所有与新世界进行贸易往来的欧洲国家中，距离新世界最近也是最便利的一个。此地有一股超凡脱俗的气质，甚至可以说一丝俗气都不沾染。

爱尔兰人不会忘记他们不愉快的过去。因为糟糕的命运，他们责备所有的人和事，那段命运使他们受他人统治的时间比其他民族都要长。在他们的精神世界中必有一种特质，这就是他们在洞察力上的缺乏，这使得该民族在受人统治的连续性这一点上，在编年史上几乎是独一无二的。这个弱点，正如我们所知，可能浸透了这片土地——这块他们可以随时准备为之死而从来没有准备为之生的土地。

一旦英国的诺曼征服者将他们最近侵占的房屋整顿得有些秩序，他们就立刻将贪婪的目光投向爱尔兰海。爱尔兰海与北海一样，实际上是一座沉没的峡谷而非真正的海洋。环境助长了他们规划这个富饶岛屿的雄心。土著首领们总是互相争吵，将整个岛屿变成单一君主国的所有努力全都白费了。

从地理角度讲，爱尔兰一直是北欧的一部分。但从精神角度讲，爱尔兰直到不久以前还处于地中海中心的某处。即便在今日，尽管该岛已经跻身主权国家行列，享受着与加拿大或澳大利亚或南非同等程度的自治权，它仍是一个与我们相距遥远的世界。这里的人民并不为一个团结的国家而工作，而是分成了两个独立的派别，相互敌对。

目前这一章可以付梓（古书先雕木板后印刷，因称刊印书籍为“付梓”。梓，zǐ）。1 年或 10 年后将会变成怎样，没人可以预言。不过爱尔兰的命运掌握在了爱尔兰人手中，这还是千年来的第一次。他们得以自由发展他们的沿海港口，将科克、利默里克和戈尔韦建设成真正的海港。他们可以进行农业联合作业体系的实验，而这一实验已在丹麦获得了巨大成功。他们的日常产品已有能力与世界其他地区进行竞争，他们作为自由而独立的公民，终于可以在世界其他国家中拥有自己的一席之地了。

不过他们能忘记他们苦难的过去，明智地为将来做好准备吗？

成长启示

苏格兰人民从不会因为其他族群的想法而放弃自我，他们拥有着自己的文化，依靠自己的努力和智慧去劳作，这也告诉我们善于听取别人的意见固然重要，但如果你的坚持是正确的，就应该坚定信念，不要随意被他人的言论左右。

要点思考

1. 作者说，蒸汽机取代人力是“最剧烈的革命”，你赞同他的说法吗？说说你的理由。

2. 爱尔兰作为独立的主权国家面临着哪些机遇和困境？

第十四章　俄国：地球上面积最大的国家

导读

相比于欧洲各国，俄国形成较晚，但它的面积却是最大的。最早生活在俄国土地上的人很温顺，他们承受着外来者的欺压，甚至被劫掠为奴隶。但谁也不曾想到，这些人的后代会建立起一个土地辽阔的世界大国。

俄国占据着地球上约1/7的陆地，它的疆域约为欧洲的2倍，其拥有的人口数量与欧洲人口最多的4个国家的人口总数相当。尽管如此，我们（作者为美国人，因此书中的“我们”多指美国或美国人）在蒙罗维亚（利比里亚首都和最大港市）和亚的斯亚贝巴（埃塞俄比亚的首都和最大城市）都有我们的外交官，唯独在莫斯科没有。

这些情况一定有一个原因。这个原因从外表来看是政治性的，事实上这是地理因素所决定的，地理形态对俄国的影响程度比我能想到的任何一个国家都要深。它从未能最终决定自身属于欧洲还是亚洲。这些混杂的感情引发了文明的冲突，这种文明的冲突要为现在的事态负责。所有我希望弄清的一些问题，都有赖于一张非常简易的地图的帮助。

但首先让我们努力回答这个问题，即俄罗斯是欧洲国家还是亚洲国家？为了便于讨论，设想你属于楚科奇（俄罗斯东北部与美国阿拉斯加之间濒临北冰洋边缘海楚科奇海的地区）的部落，生活在白令海峡（亚洲大陆东北端和北美大陆西北端之间的海峡。是北冰洋与太平洋之间的唯一通道，最窄处仅35千米）沿岸，而你不喜欢现在的生活（我不会为此责怪你，因为在西伯利亚东部这个冰冷的角落里，收获实在可怜），设想你决定向西迁移。继续设想你没有太多的翻山经验，于是决定选择行进于你儿时所居住的平原上。很好，你可以向西行进两年而无任何障碍，除了被迫游过十多条很宽的河流之类的麻烦事。最终你当然就与乌拉尔山脉面对面了。乌拉尔的这些山脉在地图上呈现为亚洲与欧洲的分水岭，但实际上它称不上什么障碍，因为第一批迁入西伯利亚的俄国勘探者携带他们的船只越过了乌拉尔山脉；你试试携带一只船越过落基山脉或阿尔卑斯山脉看看！

离开乌拉尔山脉之后，另一段约为半年的长途跋涉将把你带至波罗的海。就这样，你已经从太平洋跋涉至大西洋（因为波罗的海毕竟不过是大西洋的一个分支），而你自始至终竟从未离开过这个平坦的国家。整个国家是一座平原的一部分，该平原几乎覆盖着亚洲的1/3和欧洲的一半（因为它连接着德国大平原，仅在其接触北海处中断），却承受着地理上的巨大不利，即它朝向北冰洋。

这是古老的帝国身负的诅咒，该帝国千百年来为开拓至“温暖水域”付出了包含大量鲜血与财富的无用的艰辛，这也是苏联——苏维埃社会主义共和国联盟（古老的、已灭亡了的罗曼诺夫家族的政治继承者）——的巨大障碍之一，就像一座拥有 80 层楼和 800 个房间的建筑，却只留了两扇小窗通往 3 楼的安全通道。

俄罗斯的主要河流鄂毕河与亚马孙河长度相当；其第二大河流勒拿河（俄罗斯大河之一，位于东西伯利亚西侧，为中、东西伯利亚的分界线。源出贝加尔山西坡，注入北冰洋普捷夫海）与密苏里河长度相当；在其湖泊和内陆海中，西部的里海与苏必利尔湖、休伦湖、密歇根湖以及伊利湖的面积总和相当；中部的咸海（中亚咸水湖。气候干旱，蒸发强烈，水位变化很大。20 世纪 60 年代以来，由于阿姆河及锡尔河河水大量用于灌溉，水源减少，加之气候持续干旱，到 2004 年，咸海面积缩至 1.7 万平方千米）比休伦湖大 400 平方英里，而东部的贝加尔湖几乎是安大略湖的两倍大。

将该平原与亚洲其余部分隔断的南部山峰，其海拔与我们美洲的最高峰相当，因为阿拉斯加的德纳里山（美国阿拉斯加中南部阿拉斯加山脉的山峰之一，是北美洲第一高峰）海拔大概是 2.03 万英尺，而高加索的厄尔布鲁士峰海拔约为 1.82 万英尺。地球表面所能找到的温度最低处位于西伯利亚东北部，那里深入北极圈内部的面积与法国、英国、德国以及西班牙的面积总和相当。

这个地区千方百计地鼓励走极端。因此，毋庸置疑，居住在这片草原与苔原上的民族，其性格一定会受到自然环境的影响，他们思考与行动所依据的方式在世界其他地区的人看来极为奇异。在若干世纪中，他们能够对宗教奉献出无比的虔敬，然而突然之间，他们抛弃所有神的观念，甚至将上帝和圣母的名字从学校教育中清除干净。同样在数百年间，他们愿意顺从他们心目中可靠、庄严而富有激情的人的统治，但有一天他们奋起抗争，毁灭了这个人，然后接受一种无视个人经济的制度，这种制度许诺了他们未来的巨大幸福。

当俄国人明确地出现在历史舞台时，他们生活在由南面的喀尔巴阡山脉和德涅斯特河、西面的维斯瓦河以及北面和东面的普里皮亚特河和第聂伯河所围成的区域内。北方的波罗的海平原上生活着他们的兄弟，即立陶宛人、列托人和普鲁士人。芬兰人原来住在他们的东部，如今的活动范围严格限于北极圈、白海和波罗的海之间的地区。俄国人的南部生活着凯尔特人、德国人以及两者的混血。

此后不久，日耳曼部落开始了他们穿越欧洲中部的迁徙。当他们需要仆人时，他们发现袭击北方邻人的营地以获取仆人非常方便。因为这些邻人属于温顺的民族，他们常常耸耸肩膀，接受命运带给他们的一切，偶尔加上一声叹息：“唉，这就是生活!”

经常袭击喀尔巴阡地区以储备“商品”的人贩子经常称他们抓到了多少多少“Slavs（斯拉夫人）”或“slaves（奴隶）”，最终“slaves（奴隶）”一词成了称呼这些不幸的人的商业术语——他们将成为他人的合法财产。这些与奴隶同名的斯拉夫人竟然建立了世界上面积最大实力最强的中央集权国家，这简直是历史开的一个大玩笑，但不幸的是，这个玩笑讽刺的是我们。如果我们的直系祖先目光再长远一点点，那么我们就不会让自己陷入当前的困境中了。对此，我将以寥寥数语努力向你解释清楚。

斯拉夫人平静地在其三角形土地上生活。他们大量繁衍，很快，他们就需要更多的土地。通向西方的道路被强大的日耳曼部落阻断，罗马和拜占庭关闭了通向地中海极乐世界的大门，只把东方留给他们，于是他们向东进发，进一步开拓领土。他们越过德涅斯特河和第聂伯河，一直前进，直到到达伏尔加河为止，正如俄国农民所言，这条“大河”是所有河流之母，因为它极其丰富的鱼类养活了无数人。

伏尔加河是欧洲最大的河流，它源自其北部的俄罗斯中央高地低矮的群山间，这些山脉为修建要塞提供了极其优越的条件，俄国早期的多数城市都兴建于此。为了流入大海，伏尔加河被迫沿着山脉外延流动，并形成宽阔的环形，流向东方。它小心谨慎地沿山脊外延流动，致使右边的河岸又高又陡，而左边的河岸又低又平。这条因循山脉而形成的路线值得我们思量。从伏尔加河发源处附近的特维尔到里海的直线距离不过 1000 英里。但该河实际所流经的路程竟达 2300 英里长。作为全欧洲流域最广的河流，它要比密西西比河大出约 4 万平方英里，伏尔加河流域的面积是德国、法国和英国面积的总和。但正如俄罗斯的其他事物一样，这条河也要有些奇异之处。伏尔加河是一条不寻常的航运河流（在世界大战前，它的河面上足有 4 万艘小船来往），但当其到达萨拉托夫（伏尔加河下游城市）时，它已降至与海平面等同。因此其最后的几百英里是低于海平面流动的。这并非虚言。其最后的归宿里海位于盐质沙漠中央，这个湖泊萎缩速度相当可观，现在它已降至地中海海面 85 英尺以下。再过 100 万年，它将与死海等量齐观——死海在海平面 1290 英尺以下。

凑巧的是，据猜测，伏尔加河是我们食用的所有鱼子酱的母亲河。我使用“据猜测”一词，是因为通常伏尔加河不过是鱼子酱的“继母”，金枪鱼而非鲟鱼才真正造就了那种远近闻名的俄罗斯美味。

在铁路全面兴起以前，河流与海洋是人们进行贸易或劫掠的自然通道。在被西部的条顿族敌人和南部的拜占庭竞争者切断了通往外海的通道的情况下，一旦俄国人被迫寻找更多的无主土地，他们就不得不依赖自己的河流。从公元 600 年直至今日，俄国一直离不开这两条大河流，一条是我刚提及的伏尔加河，另一条是第聂伯河。然而这两条河中，目前第聂伯河更重要些，因为它是从波罗的海通往黑海的主干道的一部分，这条大道无疑与贯穿德国大平原上的商道一样历史久远。请看地图，跟着我来。

从北方开始，我们发现芬兰湾通过涅瓦河与拉多加湖（大小约与我们的安大略湖相当）相连，圣彼得堡就坐落在涅瓦河畔。然后有一条源自拉多加湖、向南流动的小河，这就是沃尔霍夫河，一直流入伊尔门湖。在伊尔门湖南侧，我们就见到了洛瓦季河。洛瓦季河与杜布纳河间的距离并不很长，而且该国地势平坦，所以这两条河间的通道可供水陆联运。一旦来自北方的旅行者克服了这个困难，他就可以轻松漂流至第聂伯河，直到他最终到达位于克里米亚半岛以西几英里处的黑海为止。

贸易无视国界，商业也不在乎种族。那些把来自古斯堪的纳维亚半岛上的商品带到拜占庭地区的人发现有利可图，这就是他们要定居于这片土地上的原因。在五六百年前，这是一条商路，纯粹而简单，它循着一处地理塌陷地，该地的一边是加利西亚丘陵和波多尼亚丘陵，另一边是俄国中央高原。

但当这个地区渐渐充满了斯拉夫移民之时，情况改变了。因为后来商人们成为政治统治者，他们不再走南闯北，而是安定下来建设一个王朝。俄国人尽管拥有非凡的精神世界，但从来都不是非常优秀的管理者。他们缺乏他们的条顿邻人所具有的缜密的思维，他们的灵魂中怀疑成分太多，他们的大脑经常想着别的事情。他们太热衷于闲谈和思索，而并不太善于进行需要精力集中和迅速决断的工作。因此相对的安逸使得很多人将自己视作地方的当权者。当然，刚开始他们的野心不会太大。但他们需要生存空间。当他们为自己建立了半王室性质的宅邸时，他们还需要更多的空间供其家臣居住。这就是多数旧俄国城市产生的原因。

然而，城市尤其在它还年轻而朝气蓬勃时，极易吸引外部世界的注意。君士坦丁堡（伊斯坦布尔）的传教士们听说了这个拯救灵魂的绝好时机。他们沿第聂伯河划船北上，正如古斯堪的纳维亚人几个世纪前划船南下一样。他们将宗教力量与当地的政治权力结合起来。修道院成了皇宫的附属物。宗教舞台为俄国的罗曼诺夫家族而设。南方的基辅以及富饶的商业城市大诺夫哥罗德变得如此丰饶和著名，以至于连西欧都听说了它们的存在。

与此同时，坚忍的农民继续像过去的上万年间一样繁衍生息，他们再度发觉自己需要更多的农田，于是他们冲破了家园——那座肥沃的乌克兰山谷——全欧洲最丰饶的谷仓——的束缚，开始迁入俄国中部高原。一旦他们到达了最高点，他们就立刻循着向西流淌的那条河流定居。极为缓慢地（“时间”对于俄国农民而言又能意味什么），他们下到奥卡河谷，最终到达伏尔加河，建立了第二个新城镇，即诺夫哥罗德，并宣布这片高原成了他们永恒的财产。

不过“永恒”似乎从未持续那么久——至少在历史中，13 世纪初的一场大灾难暂时阻止了他们的所有野心。越过位于乌拉尔山脉和里海之间的宽阔地带，即乌拉尔河流域的盐质荒地，大量矮小的黄种人驭马西奔，直到最后似乎亚洲的所有人口要尽数倾泻至欧洲中心了。那些西部小型的斯堪的纳维亚—斯拉夫公国被彻底震惊了。在不到 3 年的时间里，俄罗斯的所有平原、河流、海洋以及山脉都在鞑靼人的掌控之下了。然而这不过是个巨大的好运，德国、法国以及其他西欧国家免于相似的劫难，只不过是撞了大运，因为鞑靼人的马匹生了一种传染病。

一旦鞑靼人繁殖了新马群，他们立刻再度去碰运气。但德国和波西米亚的堡垒固若金汤，这些入侵者不得不绕个大圈，一路烧杀抢掠，进入匈牙利，然后在俄国东部与南部安定下来，享用胜利的果实。在接下来的两个世纪中，基督徒的男人、女人和孩子在见到可怕的成吉思汗的后代时，都不得不下跪并亲吻其马镫（dèng，挂在鞍子两旁供脚蹬的东西，多用铁制成），否则就立刻被处死。

欧洲人听闻了这一切，但他们不管不问，因为斯拉夫人乃基督教东正教派，而西欧人则为基督教天主教派。因此，就让野蛮的异教徒和俄国人成为最悲惨的奴隶吧，这些奴隶听到外国人皮鞭的噼啪声都要战栗不已，因为他们是异教徒，不配享受好的命运。最后，这种冷漠让欧洲付出了沉重的代价，因为俄国这些吃苦耐劳的肩膀承担了一切“当权者”带给他们的负担，他们在鞑靼人统治的两个半世纪中学到了无条件投降这一灾难性的习惯。他们从未摆脱掉这可怕的桎梏（zhìgù，脚镣和手铐，比喻束缚人或事物的东西）。莫斯科小公国——斯拉夫人东部的一个古老边镇——的统治者使他们的国家重获自由。在1480年，伊凡三世（即俄国历史上的伊凡大帝）拒绝向金帐汗国的统治者缴纳岁贡。这是公开反抗的开始。半个世纪后，外国人的侵占结束了。尽管鞑靼人消失了，然而他们建立的制度却存续下来了。

新的统治者对生活的“真谛”拥有良好而自然的感觉，他采用了君士坦丁堡著名的双头鹰旗徽，既代表东罗马帝国也代表西罗马帝国；他使自身极其神圣；他缩减贵族数量，将很多贵族降至仆从；他在自己莫斯科的小宫廷中引进严格的拜占庭旧式礼节；他渲染一种观念，即他是世界上仅存的“恺撒”，他的孙子由于家族的所向披靡而有了无比的胆量，最终宣布自己是其所征服的所有俄国地区的皇帝或“恺撒”。

1598 年，最后一代古斯堪的纳维亚入侵者的子嗣，即留里克家族最后一名子孙死去。经历了 15 年的内战后，罗曼诺夫家族——无任何特殊地位的莫斯科贵族——的一位成员当上了沙皇，从此以后，俄罗斯的地理状况不过就是罗曼诺夫家族政治野心的反映，他们有很多明显的缺点，但相应地也有很多美德，以至于我们可以忽略他们的一些失败。

一方面，这些罗曼诺夫都有着一个坚定的信念：只要能打通直通“外海”的要道，付出多大的牺牲都可以。他们在南方着手开辟道路，一路杀至黑海、亚速海和塞瓦斯托波尔，结果却发现土耳其人切断了他们与地中海的联系。但这些征战获得了哥萨克部族对他们的忠心，这些哥萨克部族是古代哈萨克人或自由民、冒险家或在近 5 个世纪中从波兰或鞑靼主人手中逃至荒野的农奴的后裔。他们参加了与瑞典人的战争，这些瑞典人实际上自从成功地参与了三十年战争（1618—1648 年在欧洲以德意志为主要战场的国际性战争）后就占据了整个波罗的海地区，最终在经历了半个世纪的混战后，彼得大帝得以命令他数十万的亲信进入涅瓦河流域的沼泽地带为其建立一座新都城圣彼得堡。

但芬兰湾每年要冰封 4 个月，“外海”依旧遥不可及。他们循奥涅加河与德维纳河前进，这两条河流经苔原地区——北极生满青苔的平原——并在中部白海之滨为自己建了一座新城市，以阿尔汉格尔斯克命名。但这个荒凉的卡宁半岛距欧洲十分遥远，而荷兰与英国的船长们都要谨慎地避开摩尔曼海岸。开拓通道的任务显得遥不可及，他们没有其他路途可走，只能试试东方的路线。

在 1581 年，一队由来自十余个欧洲国家的逃奴、冒险家、狱囚组成的约 1600 人的队伍，越过了乌拉尔山脉，出于必需，他们袭击了东进道路上遇到的第一批鞑靼军队，那里的统治者名叫西伯利亚。他们击败了西伯利亚，分了他的财产。他们知道俄国军队善远征，所以他们不得不将这个地区献给沙皇，否则迟早会被这位小天父的军队将他们作为背叛者和逃亡者绞死，而献贡的结果则是获得了他们亲爱的统治者赐予的“真正的爱国者”的头衔。

这种奇怪的殖民方式延续了将近一个半世纪。在这些“坏蛋”面前铺展开来的平原人口稀疏，但土地肥沃，北半部分是大草原，而南半部分则是林地。很快，他们就将鄂毕河抛在后面，然后他们到达了叶尼塞河。早在 1628 年，这支令人讨厌的侵略部队的先遣军就抵达了勒拿河。1639 年，他们来到了鄂霍茨克海沿岸。继续南行，他们于 1640 年后不久在贝加尔湖畔建立了他们最早的要塞。1648 年，他们勘察了阿穆尔河（我国称黑龙江）。同年，一个名叫德佳勒夫的哥萨克人沿北西伯利亚的科雷马河向下航行，循着北冰洋沿岸，最终到达了将亚洲与美洲分隔开的海峡。他回来后讲述了自己的故事，然而没有引起什么注意，以至于当 80 年后俄国雇用的丹麦航海家白令再一次发现这个海峡后，竟被允许以自己的名字为之命名。

1581 年至 1648 年之间共有 67 年，当你想到我们的祖先从阿利根尼山脉直至越过太平洋花了约两个世纪时，这 67 年就成了表明俄国人并不总像我们有时认为的那样行动迟缓的证据。但俄国人并不满足于为自己的原住地增添了整个西伯利亚地区，他们最终从亚洲进入美洲，在乔治·华盛顿去世之前很长的一段时间里，围绕一个名为阿切昂格尔·加布里埃尔的要塞，有一块非常繁荣的俄国殖民地，这里现在被称为锡特卡，1867 年阿拉斯加由俄国转交给美国的正式仪式便在此镇举行。

谈及精力、个人勇气以及不计后果的勇武，这些早期俄国先锋们与我们的先人相比，要厉害得多。但统治着莫斯科与彼得堡的当权者们固有的亚洲式的帝国观念会阻碍一个地区的正常发展——如果这个地区每一种财富都等待着懂得如何开发的人才的到来的话。俄国并没有开发西伯利亚的草原、森林以及矿藏，而是将其变成了一座巨大的监狱。

第一批犯人于 17 世纪中期到达这里，正是叶尔马克越过乌拉尔山脉的 50 年后，这些犯人由拒绝依东正教仪式进行弥撒的神父组成，他们被押至黑龙江沿岸，冻死饿死。自那时起，男囚与女囚（经常还有孩子）的押送队伍在这里就未间断过，他们被押至荒野，这是由于他们欧式的个人主义情感与作为旧俄政府基本律条的亚洲式集体主义观念产生了冲突。流放潮于 1863 年达到高峰，正是最后一次波兰大革命爆发后不久，那时 5 万多个波兰爱国者由维斯瓦河畔迁至邻近的托木斯克（西西伯利亚城市，位于鄂毕河右岸。1604 年建为要塞）与伊尔库茨克（东西伯利亚城市，伊尔库茨克州首府。位于伊尔库特河与安加拉河汇流处，东南距贝加尔湖 66 千米）。关于这些自愿移民总数量的具体数据未曾保留下来，但估计在 1800 年到 1900 年之间，在国外势力的高压下，制度进行了轻微变革，保守的年平均流放人数约为 2 万人。然而这还未将普通的刑事犯、谋杀犯以及小偷计算在内，他们通常不被列入具有高贵精神的男女犯人中——这些男女仅仅错在过于热爱自己的人民了。

当他们的实际流放期结束后，幸存者可获得流放地附近的一小块土地，被允许成为独立的农民。

俄国的物物交换与农奴制的旧农业体制结束，取而代之的是资本主义和工业体制，这是众所周知的。在林肯签署废奴法案前几年，俄国农奴获得了自由。考虑到生存问题，农奴被赐予一小块土地，但土地从来不够大，且是从地主手里拿走的，结果地主与他们从前的奴仆都很不满意。而外国资本一直垂涎广阔的俄国平原所蕴藏的矿产资源。他们兴修铁路，开拓航线，欧洲的工程师们一路跋涉，进入这些泥泞的半亚洲式村庄，这些村庄坐落在巴黎大剧院的复制品的周围，这些工程师们不停地自问情况怎么会是这样。

曾给予俄罗斯王朝建立者们勇气以迎接挑战的古老原始力量已经耗尽。由神父和女子环绕着的一个羸弱的男人，现在戴着彼得大帝的皇冠。他以皇冠为抵押，向伦敦与巴黎借钱，接受他们的协约，这纸协约迫使他参加了一场在其多数臣仆看来是可恶的战争，就这样他签署了自己的死亡凭证。

一个身材矮小、宽额头的男子——他是西伯利亚流放大学的毕业生——接管了烂摊子，开始重建工作。他抛弃了欧洲的旧模式，也抛弃了亚洲的旧模式。他将一切旧有模式悉数抛弃，建立了一个永远将眼光望向未来的制度。

未来将会如何，百年后我们才会知晓。当下，我们若能大体勾勒出这个现代苏维埃国家的轮廓便足够了。但这只能是非常模糊的轮廓，因为该制度处于不断变化的状态中。

成长启示

奴隶的命运让我们看到，在弱肉强食的环境里，落后就要挨打，软弱只会任人摆布。无论是国家还是个人，都不应该软弱地接受命运的安排，都应不畏强权，积极进取。努力使自己变得强大，才能勇敢地捍卫自己的尊严和权利。

要点思考

1. 你怎么评价俄国的先锋们？他们的所作所为对你有何启示？

2. “一个身材矮小、宽额头的男子——他是西伯利亚流放大学的毕业生——接管了烂摊子，开始重建工作。”作者这句话说的是哪位无产阶级革命领袖？你知道哪些和他相关的事情？

第十五章　亚洲的发现

导读

在欧洲人的视野里，亚洲一直是个神秘的未知世界。直到13世纪，威尼斯商人马可·波罗穿越整个大陆来到中国，给欧洲人带回了关于亚洲的详细信息。这时，欧洲人才知道，当他们还处在文化落后的中世纪时，古老的东方已是高度文明。

“亚洲”这个词最原始的含义是什么？2000年前，希腊的地理学家们曾为这一问题争论不休。有人认为是太阳落山之处的意思，有人认为是太阳升起的东方土地的意思，但今天我们再讨论这些已经毫无意义了。

不知道从什么时候开始，欧洲人开始认识到自己并非位于世界的中央，他们自己的家园不过是一个广大无边的大陆的一个小半岛而已。他们开始知道，在另一块大陆上住着更多的人，其中很多人都具备“更高水准”的文明。

一般认为，马可·波罗就是第一个拜访亚洲的欧洲人，但在他以前一定还有别人，尽管关于他们的具体情况我们知之甚少。

地理学的发展往往如此：是战争而非和平增加了我们对陌生地域的了解。

马可·波罗的父亲与叔叔都是威尼斯商人，他们的生意使他们与成吉思汗的孙子忽必烈有所交往。忽必烈恰好是个聪明人，他认为学习一定程度的西方文化对自己的民族是有好处的。他听说了两个威尼斯人偶然拜访了布哈拉，那是个位于阿尔泰山脚下的阿姆河与锡尔河间的土耳其斯坦的小村子，于是邀请他们进京。他们进京后受到极大的礼遇。几年后他们想回到家乡，可汗允许了。等他们再次出发前往中国时，就顺便把他们聪明的儿子或侄子马可一同带上了。

经过3年半的旅程，波罗家族于1275年重返中国。年轻而聪明的马可深得可汗器重，很快就在宫中成了宠臣，被任命为一个省的行政长官，可谓名利双收。但20多年后，他得了思乡病，于是取道印度、波斯与叙利亚返回了威尼斯。

马可常常向邻居们大谈忽必烈大汗的富有和慷慨，但他的邻居们对他讲的故事一点儿也不感兴趣，他们给他取个外号叫“马可百万”，因为他总是告诉他们可汗是多么富有，这里那里的庙宇中的金像有多么多，以及某某宰相的妻妾有多少绫罗绸缎等。众所周知，君士坦丁堡皇帝的妻子不过只有一双丝绸长袜而已。

后来，威尼斯与热那亚卷入了一场小纷争，马可作为一名威尼斯军舰的指挥官被胜利的热那亚人投入监狱。他在监狱里待了一年，将其传奇经历讲给一个名叫鲁思蒂谦诺的比萨公民。这个人曾经当过作家，写过许多风行一时的传奇故事，他立刻意识到了马可·波罗见闻的出版价值。在狱中的时光，他不断从马可那里获取信息，记录下了马可告诉他的每件事情，为世界贡献了一本

无论在当时还是今天都一样极具价值的著作。

这本书之所以畅销不衰，原因很可能是书中不断被提到的各种黄金珠宝。罗马人与希腊人也曾含糊地谈起过东方当权者的财富，但马可身临其境，亲眼看到了这一切。从此之后，寻找通往印度群岛的捷径的努力开始了。但要完成这项工作的确困难重重。

1488 年，葡萄牙人发现了好望角。10 年后，他们到达印度。40 年后，他们到了日本。与此同时，麦哲伦由东向西，到达了菲律宾群岛，从那时开始，欧洲人对亚洲的开发热情空前高涨起来。

关于亚洲的发现，大概情况就是这些。每次提到那些第一批发现某国的人物，我总会满怀敬意。

欧洲赐予我们文明，而亚洲赐予了我们一个基础，在此基础上我们建立了整个文明组织。

所以说，真正的“欧洲的”科学却有一个亚洲的祖先，这些祖先在 2000 多年前就已经开始生活并创造出繁荣景象了。

亚洲将长远的祝福赐予我们。那些家养动物如狗、猫，以及有用的四足动物如温驯的奶牛、忠实的马，还有绵羊和肥猪，都源自亚洲。当想到这些有用的物种在蒸汽机发明以前的时代的重要性时，我们开始意识到我们欠亚洲的债了。这份账单还要加上更大一部分，因为实际上我们几乎所有的水果与蔬菜，大多数的花卉，几乎所有的家禽都源自亚洲，它们是被希腊人、罗马人或十字军携至欧洲的。

然而亚洲并非总是一位慷慨的东方女士，它有时也会带来可怕的灾难。在公元 5 世纪，蹂躏（róulìn，践踏，比喻用暴力欺压、侮辱、侵害）欧洲中部的匈奴人就具有亚洲血统。7 个世纪后，兴起于中亚沙漠地带的鞑靼人，将俄国变成了亚洲的附庸，还妄图永远控制欧洲其他国家。在长达 5 个世纪里，不断给欧洲国家带来灾难，并将东欧折磨成今天这个样子的土耳其，也是亚洲的一个部族。

成长启示

在浩瀚的宇宙中，人类只是一群弱小的生物，还有很多未知的事情等着我们去探索。马可·波罗为西方人打开了未知的亚洲世界，麦哲伦的环球航行证实了地圆说……无论什么时候，我们都不应该停下探索与求知的脚步，更广阔的世界还等着我们去发现。

要点思考

1. “是战争而非和平增加了我们对陌生地域的了解。”作者为什么会这么说？你是怎样理解的？

2. 你知道作者所说的马可·波罗为世界贡献的极具价值的著作是什么吗？这本书里都讲了哪些内容呢？

第十六章　阿拉伯：沙漠里的国家

导读

与非洲只相隔狭长的红海的阿拉伯半岛属于亚洲，但它更像是撒哈拉沙漠的延续。这里昼夜温差极大，跟欧洲相比，环境十分恶劣。这片广阔的土地上生活着顽强的阿拉伯人，他们创造了辉煌的历史，把伊斯兰教推广到世界各地。而对欧洲而言，阿拉伯人则是一股潜在的危险力量。

阿拉伯是亚洲的一部分，那里有著名的阿拉伯沙漠。这片地区就像是撒哈拉沙漠的延续，而将它与撒哈拉沙漠分隔开的正是红海——印度洋一处无关紧要的、极浅的海湾。

红海的长度几乎是其宽度的 6 倍，它充满暗礁。其平均深度为 300 英寻，但在其与亚丁湾（印度洋的一部分）的连接处，深度在 2 英寻到 16 英寻间变化不等。满是小火山岛的红海以前很可能只是一个内陆湖，直到波斯湾形成后它才成为今天的样子。

阿拉伯人似乎对成为非洲人或亚洲人都无所谓，因为他们称自己的国家为“阿拉伯人之岛”，这个口气不可谓不大。但它的人口数量还不如伦敦多，与其疆域面积一点儿也不相称。另外，现代阿拉伯人的祖先一定具有超凡的体魄与精神，因为他们在未得到自然之母的半点儿帮助的情况下，给世界大部分地区都留下了深刻的印象。

首先，他们国家的气候并不适于人类生活。撒哈拉沙漠的这片延伸地带不仅完全没有河流，而且还是世界上最炎热的地区之一，除了在最北端与最东端——那里的海岸沉闷潮湿，实际上对于欧洲人来说还是无法居住的。在半岛中部与西南部，山脉高度接近 6000 英尺，在这里，温度计在不到一小时内就会从 80°F 降至 20°F，如此巨大的温差，不要说人类了，就连生存能力强的动物都无法适应。

如果没有地下水，大陆内部将彻底无法居住。沿海地区也强不了多少，只有英国人聚居的亚丁海畔的正北方还好一些。

从商业的角度看，整个阿拉伯半岛在价值上比不上比它低矮的曼哈顿岛。但如果曼哈顿岛想要在对世界文化发展的综合影响上争取与之相提并论，还差得很远。

令人惊奇的是，阿拉伯半岛从未像法国和瑞典一样成为一个国家。世界大战中，协约国（第一次世界大战时两个对抗的帝国主义战争集团之一。最初由英、法、俄三国组成，战争期间共有美、日、意等 25 国加入。十月革命后，苏俄宣布退出。最终因内部矛盾而瓦解）由于迫切需要人手而向所有人许过不负责任的承诺，结果一系列从波斯湾一直延至亚喀巴湾的所谓独立国家得以建立，它们甚至蔓延到外约旦——一处由听命于巴勒斯坦的酋长所统治的地方，它将巴勒斯坦与叙利亚沙漠分隔开。但多数国家徒有其名，如波斯湾附近的阿尔阿萨、阿曼，还有红海附近的阿西尔——位于汉志正南方，汉志或许是唯一一个有些重要性的国家。

那么，一个在几年间就成就了这么多事业的民族，一定拥有非同寻常的才能。据所有曾与他们有联系的人看来（包括拿破仑，他一眼就能发现一个优秀战士），绝大多数阿拉伯人都是优秀的战士，他们中世纪的大学是他们智力超群和热爱科学的坚实证明。至于为什么最终他们丧失了这么多先前的威望，我说不清。

如果欧洲继续将精力浪费在内部战争中，阿拉伯人也许会对我们产生危险，就像 12 个世纪前一样。阿拉伯半岛是一处“刚毅”民族的巨大营地，这里的人们很少微笑，很少嬉戏，意志坚定，不追求财富和享受，因为他们的需求很简单，清心寡欲。

此等民族永远有一股潜在的危险势力，尤其在他们有正当的理由认为自身被压迫时。而在阿拉伯，就像在亚洲、非洲、美洲以及澳洲所有地区一样，白人至上的观点并非像我们所期望的一样令人信服。

成长启示

阿拉伯半岛有着和撒哈拉沙漠一样恶劣的环境。阿拉伯的人民正是在这样恶劣的环境中顽强地生活着。阿拉伯人辉煌的成就告诉我们，环境并不是决定我们能否成功的唯一条件，在艰难困苦的环境中更加顽强地奋斗才是我们应该做的。

要点思考

1. 阿拉伯地区恶劣的自然环境为他们的生活带来了哪些困难？

2. 为什么说阿拉伯的民族有一股潜在的危险势力？作者是站在什么立场上得出这样的结论的？

第十七章　印度：神秘的东方国家

导读

印度拥有独特的历史文化和民族特色，是人类文明的摇篮。这里气候炎热，降水充沛，对西方而言，印度充满了矛盾和神秘。让我们一起来认识一下印度，揭开它神秘的面纱吧！

亚历山大大帝发现了印度，但并未深入印度人真正的居住地。这些印度人无论在从前还是现在都生活在宽广的恒河河谷内，恒河河谷位于喜马拉雅山与南部的德干高原之间。在马可·波罗为欧洲人讲述了这块神奇的土地的两个世纪后，欧洲人方才获得关于该地的可靠信息，这要归功于葡萄牙航海家达·伽马。他带领的船队到达了马拉巴尔海岸（印度西南部的一个沿海地区），为我们揭开了印度的神秘面纱。

从欧洲通往印度的航线开通了。关于这片充满香料、大象与黄金寺院的土地上的各种信息，开始源源不断地进入地理学家的视野，其增长速度如此之快，以至于地图制造者们需要一直持续加班加点地工作。从那时开始，这个富饶的半岛每一处隐蔽的角落都被仔细勘察。以下即为对该地区尽可能简洁的描述。

在印度西北部，从阿拉伯海一直延伸至兴都库什山脉，一路是连绵的吉尔吉特岭和苏莱曼山脉；在北部，由喜马拉雅山构成的围栏呈半环形走向，从兴都库什山一直延伸至孟加拉湾。这些高山和大海，把印度与外部世界彻底隔绝开来。

印度的面积与除俄国之外的整个欧洲一样大。如果喜马拉雅山是一座欧洲山系，那么它将从加来一直延伸至黑海。喜马拉雅山拥有 40 座比欧洲最高峰还要高的山峰，它们的冰川长度平均来说是阿尔卑斯山的冰川长度的 4 倍。

印度是世界上最炎热的国家之一，它还有好几个地区的年降雨量保持着世界最高纪录（年均 1270 厘米）。印度人口数量超过 3.5 亿，他们讲着 150 种不同的语言和方言。其中 9/10 的民众仍以自耕自收为生，当年降雨量不足时，他们就得饿死，饿死人数每年达 200 万人（所取数据为 1890—1900 年间）。但在英国人的努力下，印度现在扑灭了瘟疫，平息了内战，兴修了大规模的灌溉工程，掌握了基本的医学知识。但这些变化也导致了他们的人口飞速增长。

印度的大河流走向与山脉平行。在西部，印度河首先流过旁遮普，然后穿越北部山脉，成为通往印度中心地带的便利通道。恒河是印度人的圣河，它几乎沿着正东方流淌。在它到达孟加拉湾之前，与同样源于喜马拉雅山诸峰间的布拉马普特拉河交汇。

恒河河谷与布拉马普特拉河峡谷是印度全境人口最密集的地区。西岸是这两条大河所形成的三角洲，印度制造业的中心——加尔各答，就坐落在这块既潮湿又多沼泽的三角洲上。

恒河河谷是真正的印度人的土地，这里物产丰富，如果不是这片土地长期人口严重过剩的话，应该会非常繁荣。首先，这里稻米丰富。印度、日本与爪哇的民众之所以以稻米为食，就是因为这些地区的稻米产量很高。

恒河河谷的另一物产是黄麻，它是一种植物的组织，于一个半世纪前首次被引入欧洲，用作棉与亚麻的替代品。黄麻是一种植物表皮的内层，它需要与稻米几乎一样多的湿气。这层表皮要在水中浸泡数星期，然后黄麻组织才可以被抽离，并被送往加尔各答的工厂加工成麻线、麻织包和当地人穿的一种粗糙的布料。

在河谷以外的山坡上，茶林取代了森林。因为这些珍贵的茶树喜欢生长在湿热的环境中，所以最佳的种植地点是在山坡上，这里的水分不致伤到茶树柔软的根部。

三角形的德干高原坐落在恒河河谷南边，高原上覆盖着三种不同类型的植被。北部与西部的山脉是柚木木材生产中心，这是一种非常结实的木材，轻易不会弯曲，不会收缩，也不会腐蚀铁器。在铁制发动机发明之前，这种木材在造船业得到了广泛应用。德干高原中部降水稀少，是另一处可怕的贫瘠之地，这里种植棉花和极少的小麦。

至于沿海地区，西部的马拉巴尔与东部的科罗曼德尔都享有充足的降水，所以盛产稻米和粟黍（粟黍是一种我们用来喂鸡的谷物，但印度当地人以之代替面包），足以养活很多人。

德干高原是印度唯一一处蕴藏煤铁资源的地区，但这些资源从未被认真开发过，因为德干高原河流湍急，不适于运输，而且，在一片根本没有人需要去乘火车，且没有什么有价值的物资需要输出的地方，铁路建设的代价让人很难负担得起。

锡兰岛位于科摩林角东面，它实际上是印度半岛的一部分。据这里的民众看来，锡兰岛就是原始的天堂。不但因为其气候适宜、土地肥沃、降水充足以及温度适宜，而且因为它逃脱了印度最糟糕的恶魔之一。由于此地保持着对佛教——印度人拒绝佛教是因为佛教的精神价值极其崇高庄严，以致普通民众无法领会——的忠诚，它逃脱了严格的等级制度的控制，直到不久以前，等级制度还一直是印度教中不可分割的一部分。

地理与宗教向来联系密切。在印度，宗教信仰千年以来一直彻底而绝对地统治着人们的精神世界，约束着印度人的一切行为，包括他们的所说所想所做，或不应说什么不应想什么不应做什么。

为了理解宗教是如何影响印度的，我们几乎要回到史前时代，回到距第一批希腊人到达爱琴海岸至少还要早 30 个世纪之时。

那时印度半岛上居住着一支黑皮肤的种族，即达罗毗荼人（泛指说达罗毗荼语系诸语言的人。主要分布在印度南部、中部和斯里兰卡北部，少数分布在巴基斯坦俾路支省和信德省，称“布拉灰人”。印度古老的民族，原有相当高的文化。毗，pí。荼，tú），他们很可能是德干高原的原始居民。雅利安人的祖先（也是我们的祖先）分为两部分，他们离开中亚古老的家园，寻找更舒适的地域。其中一支向西迁移，在欧洲定居，然后越过海洋，占据了北美洲。另一支向南方艰苦跋涉，越过兴都库什山脉与喜马拉雅山之间的山口，占据了印度河、恒河与布拉马普特拉河河谷，并从这里深入德干高原。他们顺着西高止山脉与阿拉伯海间的沿海地区前行，最终到达了印度南部与锡兰岛。

新来者的武器装备确实要优于土著，他们对待土著就和其他强大种族对待弱小种族的方式一样。他们嘲笑土著，说土著都是黑人，并从土著手中抢占稻田。而土著人若稍加反抗就会被屠杀，他们强迫幸存的土著退至半岛最贫瘠的土地，在那里自生自灭。但是在当时，达罗毗荼人的数量尚多于雅利安人，结果低级文明形式对高级文明形式的影响更大。唯一的解决方法就是将“黑人”严格约束在他们自己的社会等级内。

于是，雅利安人就像现在的西方人一样，将社会划分为不同的等级。这种“等级”观念全世界人都知晓，而且即便在当下，美国仍存在不同等级。纽约是众所周知的宽容城市，但我这辈子恐怕都不会找到一处我能与我黑皮肤的朋友（黑人或印度人甚或爪哇人）共同进餐的场所，我们的火车也通过提供豪华车厢与昼行列车向等级制度致敬。

这样一种制度的产生从来不是偶然的。人们不会单纯为了愉悦自己或威胁邻人而一夜间将其发明出来。在印度，这是恐惧的结果。祭司、战士、农民和手工匠人等最早的雅利安征服者，在夺取达罗毗荼人的土地之后，为了维护自己的地位，创设了“等级”制度来约束数量明显比他们多的达罗毗荼人。并用由宗教仪式与神圣习俗组成的极为复杂的宗教外衣包裹好，建立了一个充满“禁忌”的迷宫。对那些毫无意义又复杂的禁忌，除了本地人之外，几乎没有人能应付得来。

这个印度等级社会中统治着各个最高阶层的正统宗教，名字叫作“婆罗门教”。他们所尊崇的神是“梵天”，被认为是万物之始，众生之母。

印度尽管有几座大城市，但是它本质上仍为村庄国家，因为71％的民众住在乡下。其余人口分布在城市中，这些城市的名字你可能都听说过。加尔各答位于恒河与布拉马普特拉河的河口处。它开始是一个默默无闻的渔村，但在18世纪时，它成了克莱夫反法运动的指挥中心，并发展成为印度全境的首要港口。当苏伊士运河开通后，它不像先前那样重要了，因为当轮船要载货去往印度地区或旁遮普省时，人们发现直接通往孟买或卡拉奇比取道加尔各答方便得多。处于小岛上的孟买同样是东印度公司（16至19世纪葡、英、荷、丹、法等国政府特许对东南亚从事殖民事业的组织。它们在印度、马来群岛及远东各地各享有贸易独占权，并拥有舰队，对殖民地区进行疯狂掠夺，从事奴隶买卖和私掠活动）的产物，他们打算利用孟买作为其海军基地以及出口德干高原所产棉花的港口。人们建设孟买的目的如此不寻常，以至于该地吸引了来自亚洲各地的定居者，还成为波斯最后一批拜火教信徒的家园。这些信徒是当地最富有最聪慧的群体。他们崇拜火焰，将其视作不可被污染的东西，这使得他们无法接受火葬。在孟买，波斯人死后实行天葬，让身体葬在秃鹫的腹中似乎是他们认为的最完美的归宿。

马德拉斯是科罗曼德尔海岸的主要港口，位于德干高原的东部。稍偏南些的庞德哲里，是位于印度东南部的一座城市，濒临孟加拉湾，是一个充满法国情调的城市，也是一个时代的见证。那时法国人是英国人最危险的敌手，英法争夺整个印度的所有权的大战就在这里，这场战争引发了卑劣的加尔各答黑牢（据说是一间环境极为恶劣的小土牢，用来监禁英国俘虏。1756年一批英国俘虏被关押在此，后因太过拥挤，上百俘虏死于缺氧和高温中暑）事件。

但印度的多数重要城市都自然地坐落于恒河河谷中。首先是西部的德里。这是莫卧儿王朝的皇帝们曾经的居住地，他们选择此地是因为这里完完全全控制着从中亚进入恒河河谷的大门，谁占领德里，谁就占领了整个印度。继续南行，我们来到了阿格拉，4位莫卧儿王朝的国王居住在这里，其中一位为了纪念他深爱的女人，建造了泰姬陵。沿河流继续向下走，就来到了安拉阿巴德。同一地区还坐落着勒克瑙和坎普尔，这两地因1857年的大起义而闻名。

继续沿河流前行，我们就到了贝拿勒斯，他们是所有虔诚印度教徒心中的罗马和麦加，这些教徒到这里不仅要在河流的圣水中洗浴，而且还要死在这里，死后他们也许会在沿岸一个火葬场火化，把骨灰撒在神圣的恒河里。

印度人对宗教有着一种狂热的虔诚，这让我们西方人在进入这座迷宫时，实在应该谨慎前进。

对于印度的这些事情，我有一种困惑与不安交杂的感觉。但现在，我终于开始意识到他们可能有他们的道理，或者即便他们不总是全部正确，至少他们也并非我过去曾认为的那样。这是艰难的一课，但它试图让我学会稍稍地谦逊，天知道，谦逊对我来说多么重要！

成长启示

东西方文化差异很大，如果彼此不能包容和尊重，那么这些由文化的差异所造成的不理解，很容易演变成憎恶和冲突。人与人相处也是如此，不管个体差异有多大，谦逊包容的态度，都是十分重要的，尊重对方，才能减少犯错误的可能。

要点思考

1. 印度这片土地是如何逐步被欧洲人发现的？

2. 社会应该被划分不同的“等级”吗？你怎么看待这种“等级”观念？

第十八章　中国：东方文明古国

导读

中国历史悠久，文化灿烂，富饶的土地养育着我们众多的人口，虽然屡遭外族的入侵和统治，但中华文明始终绵延不绝。在这一章里，我们将看到一位西方人眼中的中国，将了解近代中国所遭受的苦难。

中国是一个幅员辽阔的大国。它的边境线达到 8000 英里，约与地球直径相等。

那时，中国人口足足占了地球总人口的 1/5，当我们的祖先仍在用石叉捕野猪的时候，中国人就已知晓如何使用火药，如何书写文字了。用几页文字来充分介绍这样一个国家是不可能的。我所能给你的不过是一个概述、一个轮廓，因为关于中国的文字作品足可以装得下两三个图书馆。

将古代的中国和其他地区人民的生活做比较，古代中国文明的发达程度可见一斑。

中国同印度一样，是一个半岛，但为半圆形半岛，而非三角形。在另一个非常重要的方面，它与印度不同，没有山脉将其被迫与世界其余部分分隔开。相反，中国的山脉就像我们的手指，向西延伸。这种地理特点有个巨大的缺点，它使黄海附近富饶的中华平原，向中亚的入侵者敞开了大门。

为了克服这一不利地形，公元前 3 世纪，中国皇帝修建了一条规模巨大的城墙，该墙体长 1500 英里，宽 20 英尺，高 30 多英尺，它从辽东湾一路延伸至嘉峪关。这就是举世闻名的万里长城。

根据作者的描述粗略地绘制出中国的地形图，参考这张地图，这一章的内容就更好理解了。

中国内地看起来就像一个巨大的圆形，被南部的长江与北部的黄河精巧地分为三部分。北部地区坐落着北京，这里冬天很冷，夏天热度适中，该气候的结果就是人们以粟黍而非稻米为食；中部地区有秦岭保护而不受北方冷风的侵袭，这里气候更加温暖，人口更加密集，他们以稻米为食，而很少吃麦子；第三部分即中国南部，冬天温暖，夏季非常炎热潮湿，几乎一切热带作物都能生长。

华北地区又可以分为两部分，即西部的山区与东部的平原。西部山区就是著名的黄土地。黄土是一种非常优良的土壤，这看似微黄色的黏土，渗水性很好，天上的降水一落到地上就消失了，而河流与小溪将黄土切割成无数深深的沟壑，使得这里的交通非常不便。

东部平原位于渤海湾沿岸，渤海湾很快就被黄河所携的沉积物填满，以至于它几乎无法用于航行，所以这里也没有优良港口。继续向北前进一点，我们就到了另一条河——京杭大运河，这条河比黄河小很多，它就像北京的护城河——负责中国首都污水排放的大型排水运河。

北京是一个非常古老的城市，它经历了太多的兴衰荣辱。公元 938 年，契丹人攻占了北京，将北京易名为南京，意思是“南方的京城”。后来它被女真人占领，改名为中都，意思是“中部的都城”。在 13 世纪，它又被成吉思汗征服，其继承者忽必烈修复了北京被损坏之处，改名为“大都”。最终这些蒙古人也被驱逐出境了，一个汉人，即著名的明朝开国皇帝，登上了宝座。至明成祖时迁都北京，此后北京就一直是中国的政治中心，但它也一直与世界其他地区保持隔绝。直到 1860 年，这种局面才被完全打破。那一年，一个欧洲外交官（他的父亲额尔金曾给大英博物馆赠送过古希腊大理石雕刻）以其官方身份拜访此都，受到了盛情招待。

北京的历史悠久而丰富，除了作者描写的，你还知道哪些发生在北京的著名历史事件？

这座城市在权力鼎盛时期一定牢不可破。它的城墙有 60 英尺厚，差不多 50 英尺高，它被广场上的高塔与大门护卫着，这些塔与门中暗藏要塞。城墙里面，这座城市就像一个迷宫，包含着很多小城，一座包含着另一座，汉人城市包含着皇城，皇城包含着紫禁城。

北京城有很多宫殿与寺庙。但在此，我要说一个非常有趣的差别，即中国人与印度人秉性的差别，这种差别解释了一个问题，即为什么这两个国家除了都拥有过剩的人口外，无任何共同点。

将中国人与印度人对待神明的态度作为例子做比较，形象具体地体现出中国人和印度人思想观念上的不同。

印度人一直非常严肃地对待他们的神明，一旦他们要修建一座寺庙，那一定是一座最大的、最昂贵的，也是最浮华的寺庙。“公共设施不花一分钱，敬神却要数百万地花！”这是婆罗门的口号。中国人虽也信佛，但每个中国人似乎都受到了那个精明的孔圣人的影响，他们完全遵循孔夫子“中庸之道”的观念，将大部分财政收入用在建立公共设施上，用在开凿运河、灌溉堤坝、修筑城墙以及疏通河道上，但在修建庙宇和神殿上的花费适可而止，只要不惹神灵怪罪就可以了。

古代中国的人们拥有极高的艺术天分，相对于恒河河谷的土著来说，他们可以以更少的成本取得更大的成就。确实如此，在中国旅行，你看不到像印度那样庞大的神庙和佛像，只有在北京以北约 60 英里处，有一些护卫明朝皇帝陵园的巨型动物石像，附近还有一尊大佛像。这就是全部。但令人惊奇的是，中国艺术对西

方人的吸引力要远远高于印度艺术。中国的美术、雕塑、诗歌以及漆器更适用于美国或欧洲的家庭。

对于现代商业世界来说，中国的地位是十分重要的。中国的煤炭资源储量极大，铁矿资源的储量位居世界前列。当英国、德国与美国的矿山被挖空后，我们还可以去往中国的山西省暖暖身子。

作者用诙谐幽默的语言向我们介绍了我国山西煤炭资源丰富的现状。

直隶省（当时的直隶包括河北、北京和辽宁西部的部分地区）东南方坐落着山东省，山东半岛将渤海湾与黄海分隔开来。除了黄河河谷外，中国的这个地区极为多山。黄河沿正南方向流动，注入黄海。但黄河于1852年突然改道（此处时间有误，作者提到的这次黄河改道发生于1855年），这件小事使我们知道中国的洪水才叫真正的洪水。鉴于自从17世纪末至今，黄河河口已改变了10次（历史上黄河较大的改道有26次），所以我们无法确信目前的河道就不会改变。为了将河流固定在自己的河道内，世界其他地区都修建了堤防与水坝，但这些堤防与水坝对于黄河和长江这样的大河来说毫无用处，因为黄河于1855年冲破的堤防有50英尺高，当时那条堤防就像纸片一样断裂了。

中国人被称为黄种人。但当中国的帝王称自己为“皇帝”（意为黄色土地的主人）之时，他们不是想到自己的臣民，而是想到了自己臣民定居的这块土地。黄河所携带的黄色泥土将

黄种人的观念在19世纪的西方文学中被迅速普及，后来又通过传教士传到了中国。

中国北部一切事物都染成了黄色。正是这种黄色为此种族赋予了它的名字，至于这个种族本身，并不比西方人的肤色黄多少。

为了让北方的臣民不用冒海上长途航行的危险，就能顺利地迁至中部和南方，13世纪，中国的一位皇帝下令修建一条将黄河与长江连接起来的运河。（这里指的是元世祖忽必烈下令开凿的京杭大运河河段）该运河长度超过1000英里，它忠实地履行自己的职责，直到1855年黄河河口改道为止，这条运河与其河床一同被毁。但这条世界上最长的运河显示了这块土地的古代统治者都是具有明智思想的人。

这条运河是世界上里程最长、工程最大的古代运河，它就是京杭大运河，开凿至今已有2500多年的历史。

在中国中部的西边，有一片宽广而肥沃的平原，它实际上是华北平原的延伸，但该平原内部是山地。长江在这些山脉中蜿蜒曲折而行，直到它最终到达中国东部的大海为止。它取道四川省，四川省几乎与法国大小相同，但人口要比法国多出不少，因为那里的红土极为肥沃。几条南北走向的山系几乎将四川彻底地与世界其他地区隔绝开来，使该地区几乎未曾遭受到因白种人的拜访而带来的苦难，相比于中国其他地区而言，这里的人口要更为众多。

长江继续奔往大海，接下来它横贯湖北省，那里坐落着著名的城市武汉。武汉是1911年辛亥革命的中心，它推翻了满族王朝最后一位皇帝，将这个世界上最古老的君主国变为共和国。

在抵达汉口之前，长江可供海轮航行，排水量不超过 1000 吨。从汉口至上海的河段是中国中部的商业大动脉，上海是中国的对外贸易中心，也是中英“鸦片战争”之后中国第一批对外开放的港口之一。

长江三角洲以南坐落着杭州，三角洲东部坐落着苏州，“苏州”一名意味着“茶”，那里以生产茶叶而闻名。长江流域的下游地区土壤非常肥沃，这也是位于长江三角洲起始处的南京在相当长的时间内不仅是中国中部最重要的城市，还被许多王朝选定为都城的原因。

中国南部多山，尽管这里出产茶叶、丝绸及棉花，但这里相对来说一直是贫困地区。很久以前该地为森林所覆盖，但森林被砍光了，土壤被雨水冲走，只剩下光秃秃的岩层。此后大批移民迁往世界上尚未限制中国侨民数量的国家。

广州是中国主要的进口港，也是南部最重要的城市。上海是中国产品出口欧洲的主要港口，而广州则是中国从欧洲进口产品的中心。珠江口一带曾有两处外国领地。它的左岸是中国澳门，那里曾是葡萄牙在中国的殖民地；右边是中国香港，它在鸦片战争期间被英国占领。

广州和上海的发展壮大与它们得天独厚的地理位置密切相关。除了地理位置，还有哪些因素可以影响一个城市的发展呢？

中国南部近岸处有两座远离海岸的岛屿。其中之一的海南岛仍为中国所有，但另一座岛屿——中国台湾，曾为古老的荷兰的殖民地，在 1894 年至 1895 年中日战争以后，又被日本占据了。

当中国人的祖先从蒙昧的历史中现身时，就已经生活在黄河两岸的黄土地上了，那里位于现代中国中部的西北地带。肥沃的黄土地在一支农业民族眼中一定曾为无价之宝，而且它也解决了住房问题，因为黄土高原允许人们在便利的山体上为自己挖一个舒适的小房间，使他们用不着为漏风的墙体或漏雨的屋顶而烦心。

中国人在占据了数座山脉后，开始向东扩散。湍急的黄河将山里的数百万吨黄土携至平原，从而使平原变得肥沃，直到适于数百万人定居为止。中国人循着河流的脚步，在公元前 20 世纪（要早于罗马建立约 1500 年）他们就到达了长江流域，于是帝国的中心从黄河流域迁至中国中部的大平原。

在耶稣诞生前四五个世纪，人类伟大的精神领袖从中国人当中崛起，他们是圣人孔子、墨子及老子。当这三个先知现身历史舞台时，中国人的宗教观念是什么样子，我们不清楚。但从我们自己基督教的观点来看，这三个人宣扬了一种极为实用的主张。他们中没人过多宣扬谦卑与温顺或以德报怨，他们清楚普通人不具备如此高贵的品质与自我约束的能力，因此他们说，善有善报，恶有恶报，应该懂仁义，尊崇先人等。

孔子倡导仁、义、礼、智、信，墨子倡导兼爱、非攻，老子主张无为而治，诸子百家的思想各有特色，体现了我国古代灿烂的思想文化。

这三位中国哲学家传播的道德学说，对中国人的影响非常深远。它让这个人口众多的多民族国家的人民，至少有一个共同之处——一种面对困境的坚定的中国式态度，一种乐观豁达的人生态度，它使卑微的苦力安于如此辛苦的劳作，而同样的辛劳可能会折磨死一个欧洲或美国平民，甚至逼得他们自杀。

自从 16 世纪上半叶早期开始，中国人允许少数来自葡萄牙、英国及荷兰的“洋鬼子”定居于两三个太平洋沿岸的港口，以谋求在对欧贸易中获得利润。但这些不幸的外国人的社会地位令人极为不满，就像一个与白人坐在同一条船上的黑人一样。

为什么当时的中国不给予外来经商者正常的社会地位呢？这其中可能有哪些原因？

1816 年，英国派遣贵族阿姆斯特前往中国，请求中国皇帝减轻英国商人在广州所受之苦时，他被告知觐见时必须向皇帝磕头。如果是一位荷兰船长，肯定会答应这个要求，因为一旦磕头之后，他就能带回故乡足够其安度余生的茶叶与香料。但英王的代表所处的地位就不同了，阿姆斯特草率地拒绝了，结果他连北京城的大门都没进去。

与此同时，欧洲因为瓦特发明的蒸汽机日益富裕起来，他们使用蒸汽机以勘探我们这个小行星，他们大声叫嚷要征服一个新世界。中国自然是名单上的头一个。于是，仅仅一场销烟运动，就导致了 1840 年的战争。在这场战争中，中国人惊呆了，他们完全比不上他们所蔑视的洋人，长达几个世纪的与世隔绝，让他们远远落在了别人后面，甚至连能否赶得上都是疑问。

这种担心并非多虑。自从鸦片战争的悲惨日子开始，中国已彻底处于西方人的怜悯之下了。无论不远之处谁在打仗似乎都要依旧继续耕作的中国人，也注意到一个事实，即他们开始意识到自己国家有一些不对劲的地方。第一次表达不满的起义爆发于19世纪50年代。那时中国人将自己国土的不幸归罪于清政府头上，他们在反抗战争中崛起，解放自己。

中国古代的辉煌和近代的孱弱形成了鲜明的对比，更深刻地体现出中国近代闭关锁国造成的危害。

当清政府正忙于与英法交战时，中国南方爆发了太平天国运动。他们在领袖洪秀全的领导下，停止刮脸，剪掉辫子，为了推翻清王朝进行了一场声势浩大的起义。但清政府的势力太强大了，这些起义者最后被剿灭了，数十万民众因此被处死。剿灭这场运动的将领中有两位外国人——美国的工程师华尔和英国人戈登。

太平天国运动是中国近代全国规模的农民起义。不妨查阅资料，了解这场运动对中国近代历史产生了哪些深远影响。

1875年，清政府与德国之间发生了矛盾，德国派遣了一个骑兵中队到中国沿岸剿匪。1884年至1885年间中法展开一场战争（此处时间有误。中法战争发生的时间应为1883年—1885年），中国南部的安南与东京湾就此丢掉了。1894年，又与日本打了一仗，日本其时已彻底欧化，这场战争的结果是中国台湾岛被割让了出去。

这时，欧洲各国开始对各军事据点进行疯狂抢占。俄国人占据了旅顺港，英国人占据了威海卫，德国人占据了胶州湾，法国人占据了湄公河畔的金兰湾。中国人尽管天性上吃苦耐劳，但终于开始意识到他们被左右欺骗。他们再度将一切羞辱与苦难归责于清政府，发动了义和团运动。他们以暗杀德国公使作为起义的开始（他们合理的解释是德国公使先打了一个中国人），然后围攻了北京的使馆区。结果引来一支由俄国人、日本人、英国人、奥地利人、德国人、意大利人、法国人及美国人组成的军队前来解除使馆区的围困，他们还大肆劫掠了北京城。这座富饶的城市从未经历过如此掠夺，遭受了空前的破坏，甚至连帝王的居住地紫禁城也被攻入，被抢了个干干净净。

软弱无能的清政府，在每次战败后，都会向侵略自己的欧洲邻人们偿付巨额赔款。可欧洲各国依然得寸进尺，中国人再也无法忍受了，再一次于 1911 年兴起反抗运动，这次他们成功了，清政府被推翻，中国成为共和国。

这一次，中国人吸取了教训，即西方国家对中国的首要兴趣不在于孔孟之道，他们对煤炭开采、铁矿开采以及石油开采的特许权更为关心。因此这些无价的原材料必须被加以严格的保护，否则还不如让它们沉在海底。总之，中国开始承认向西方和日本学习的必要性，开始了短时间内实现“西方化”的努力。

与此同时，俄国开始了将自己建设成工业国的雄伟计划，他们依据马克思的真理进行治理。俄国作为中国近邻，开始将一些新思想传递给这些长久以来遭受苦难的中国人。

成长启示

古代的中国曾经是多么辉煌灿烂，但是自给自足的生活方式、清政府的闭关锁国政策和当权者的软弱无能却给我们的国家带来了巨大危机。无论是国家还是个人，都不能因为一时的优越而安于享乐，要时刻学习新思想，因为后面还有无数人在努力地追赶。

要点思考

1. 是什么让拥有几千年辉煌历史的中国在近代饱受其他国家的欺凌？

2. 德国曾经公然派兵在我们的土地上“剿匪”，他们真正的用意是什么？

第十九章　朝鲜、蒙古：饱受欺凌的国家

导读

朝鲜和蒙古是中国的两个邻国，是近代两个饱受欺凌的小国。朝鲜半岛是日本进入达州大陆的桥梁，近代以来一直是日俄争夺的焦点；蒙古地域辽阔，一直保持着游牧民族的本色。那又是什么原因导致它们饱受欺凌的呢？欺凌它们的国家又是谁呢？

日本人生活在一个小小的岛上，岛上物产稀少，土地贫瘠，随着人口的不断膨胀，他们需要更多的土地。但是他们居住在一个国土面积很小的国家，可供农业使用的土地面积不到美国所有农业用地的2%。即便得到世界各地最优秀的农业科学家团队的帮助，这些贫瘠的岛屿粮食产量也有限。濒临海边，他们当然可以发展渔业，然而鉴于人口每年增长数量超过65万这一事实，这个难题仍未得到解决，且看起来无法解决。

因此日本对更多土地的寻求就是不可避免的，自然，它首先想到了自己富有的邻居——中国。中国东北地区很容易登陆，因为通向中国东北地区的道路就位于朝鲜半岛这座大陆桥上。朝鲜

半岛与日本大陆间被狭窄的朝鲜海峡隔开，该海峡不过 102 英里宽，被对马岛（日本西南岛屿，位于九州岛与朝鲜半岛之间。南北长约 80 千米，东西宽 15 千米）分为两半，1905 年日本舰队在对马岛附近歼灭了俄国舰队，扼杀了俄国成为东亚争夺者的潜在可能性。

尽管朝鲜半岛气候更为寒冷，但它与意大利南部和西西里岛所处的纬度相同，它周围没有天然保护屏障。朝鲜人称自己的国家为“被朝阳的宁静所选中的土地”，他们是公元前 12 世纪占据该国的中国移民的后裔。这些中国移民轻而易举地征服了当地土著，这些土著是居住于内陆深山的岩洞与地下洞穴中的原始人类。然后这些来自西方的移民建立了自己的王国，然而这个王国从来就未曾从其母国即中国手中获得过完全的独立，而且还一直经受着日本海盗的骚扰。

1592 年日本首次尝试征服朝鲜。直到准备充分之时，日本方敢开始这场雄心勃勃的战争。准备工作包括几百支葡萄牙人卖给他们的大口径短枪。依靠其先进的装备，日本向朝鲜海峡附近派了几十万大军，这场战争持续到 1598 年，在中国援军人数占据优势的情况下，日本失败了。

但正是这场侵略使朝鲜首都平壤毁于一旦，在侵略过程中，日本人实施了各种暴行，这导致了此后朝鲜人对日本一切事物的仇恨。但你又有什么办法？朝鲜人弱小，而日本人强壮，在 19 世纪的最后 25 年中，朝鲜人被迫在政治、经济领域向俄国人让步，也给日本人创造了发动新战争的完美借口。

一场战争的直接原因很难令人感兴趣。导致战争的深层动机才是值得思索的。当下以及 1592 年日军远征的根本原因，是日本政府要为迅速膨胀的人口寻找必需的食物。

日本一旦战胜俄国，并将莫斯科的军队从作为朝鲜与中国分界线的鸭绿江畔击退，朝鲜将立刻被纳入日本的保护范围。1910 年朝鲜成为日本帝国的一部分，这极似日本于 1895 年从中国手中夺取台湾岛，以及于 1905 年从俄国手中夺取萨哈林岛（原属中国，传统名称“库页岛”。18 世纪中叶后，俄、日相继入侵，俄占北部，称“萨哈林”；日占南部，称“桦太”。1875 年俄日签订条约，俄以千岛群岛 18 岛交换日占的南部，全岛归俄。日俄战争后，1905 年俄又将南部割让给日本。1945 年苏联根据《波茨坦协定》将南部收回）的南半部分。如今有 100 万日本人已迁至 2000 万朝鲜人当中。剩下的移民不过是时间问题。

蒙古（此处的蒙古包括内蒙古和外蒙古）是一个地域广大的国家，面积几乎达 100 多万平方英里，是不列颠群岛的 11 倍，人口却不足 200 万。其南部地区无法居住，因为那是戈壁沙漠的一部分，但余下的土地都是草原，是放牧牛羊的绝佳地带。否则依靠优秀的骑兵取得胜利的蒙古人也无法养活将他们从太平洋成功带到大西洋的那些强壮的小马。

许多人似乎对“日本的雄心”表示深刻的愤慨，他们倾向于将其谴责成残忍兽性的表现。我情愿称之为“日本的需求”。日本已为国内的剩余人口找到了出路。这条出路位于北亚，那里是世界上人口极其密集的地区，那里的民众已习惯了残暴的统治，而现在的治理决然不会比从前任何时候差。

如果北亚这处安全阀不复存在，那么菲律宾、荷属东印度、澳大利亚、新西兰以及美国西海岸将永远暴露于日本人的威胁之下，从而使我们被迫在波利尼西亚的每座岛屿前部署一艘战舰，以免一夜之间被日本巡洋舰占领。

成长启示

蒙古和朝鲜作为生活在夹缝中的国家，因为自身的弱小，而任由其他地区摆布；同样国土面积不大的日本却成为强大的侵略国。因此，无论是国家还是个人，都应积极进取，努力使自己变得强大，才能勇敢地捍卫自己以及民族的尊严和权利。

要点思考

1. 什么样的地理条件导致朝鲜半岛被日本觊觎？
2. 你知道日本对朝鲜半岛和蒙古进行了哪些侵略吗？

第二十章　日本：野心勃勃的小小岛国

导读

日本由4座大岛和500多座小岛组成，地处地震带，面积狭小，资源匮乏。日本民族是一个混血民族，曾经，日本是受西方列强侵略的弱者，但他们很快转变为侵略者。在这一章，我们将看到日本极具侵略性的原因和危险。

日本在企图侵略邻国、称霸世界之前，由500多座岛屿组成（据最新统计，日本由6800多个小岛组成）。这些岛屿呈半环形，大小不等，其中有518座岛屿的居住人口超过了6000万。其实，我们记住下面的岛屿就足够了：本州岛是中部的主要岛屿，北海道是北部的第二大岛，还有四国与九州，它们是位于本州岛正南方的两座大岛。日本的首都是东京，人口超过200万，它位于本州中部一片肥沃的平原上。横滨是东京的著名海港。

另一个更大的城市是大阪，它位于本州岛的南部，是日本重要的纺织工业中心。大阪的北部是京都，它是帝国的古都。此外还有一些你偶尔会在报纸上见到的名字，包括大阪的港口神户以及位于九州岛南部的长崎——后者是所有来自欧洲的轮船最方便的停泊港口。

你经常会在历史书中发现“江户”一词，这不过是东京的旧称，那时江户是幕府所在地。当幕府被推翻后，天皇从京都迁至江户，江户此时改称东京，开始了非凡的发展历程，东京最终发展成为现代世界最大的城市之一。

但所有城镇都有随时被毁灭的危险。日本群岛不过是巨大的亚洲山系的外延，这里是一条火山带的一部分，这条火山带从萨哈林岛延伸至荷属东印度的爪哇岛，它几乎一直处于持续的活动状态。日本于 1885 年至 1903 年间大约发生了 2.7485 万次地震，这表明平均每年有 1447 次地震，或者说每天 4 次。当然多数地震一点儿也不可怕，除了茶杯的轻微晃动，靠墙的椅子发出咔嗒一声，此外就没什么了。但当你意识到古都京都在其存在的 10 个世纪中竟然震动了 1318 次的时候，你就会产生一些关于这个岛国是暴露于何等危险之下的概念了。在这 1318 次震动中，194 次属“强烈”级别，34 次是彻底“毁灭性”的。1923 年 9 月的地震将东京几乎彻底摧毁了，在这次地震中死亡人数超过了 15 万，某些小岛竟被震高了 2 英尺，还有一些小岛沉入海中，这场地震近在咫尺，所以仍留在我们大家的记忆中。

当然，地震几乎在任何地区都有可能发生。北海海底就发生过一次强烈地震，斯海尔德河与莱茵河河口的岛屿上泥层的晃动足以使得泥滩上的挖蛤者感到强烈不适，可海面上依然风平浪静。日本诸岛则不同，它们位于一座山脊顶部，这座山脊的东面向下延至科学家迄今为止所探测到的海洋底部最深处之一。它是著名的塔斯卡洛拉深渊，深度超过 2.8 万英尺，仅比菲律宾群岛与马里亚纳群岛间的世界纪录浅 6000 英尺。如此一来，日本一半以上的地震惨剧发生在东岸一带自然就不是偶然的了，这里的海岸线垂直下降达 6 英里。

然而，日本人不会因为这个对自身安全永恒的威胁而睡不着觉，多数生活在地震带的居民也都如此。和我们一样，他们照常种地、逗孩子玩、吃饭、看查理·卓别林的喜剧电影。长年的经历教会他们修建一种木板房屋，这种房屋冬天也许有点漏风，但当房屋在户主耳边震动时，危险可以达到最小化。当然，他们也想模仿西方，在东京修建摩天大厦，然而这样一来损失将达数亿。但总的来说，日本对这一不可避免的地理缺陷的适应工作比其他国家做得都好。正如——大体上——相比西方国家而言，他们似乎成功地做到了使生活更为和谐的同时，在冒险探索方面也令人喜欢。

日本历史的起源比中国要晚得多。中国的纪年最早可上溯至公元前 2637 年，但最古老的日本编年史仅可上溯至公元 400 年。那时所谓的日本民族已经存在。然而说实在的，并没有"日本民族"，因为日本人与英国人一样，是混血民族。日本的土著是阿夷鲁人，他们被不断入侵的侵略者渐渐赶至遥远的北方岛屿上，这些侵略者来自中国南方、马来半岛等地。日本的原始文明实际上是中国文明的延续，日本人所知道的一切都是从中国学来的。

当日本学习中国的范例，自身皈依佛教时，中日关系更加亲密了。公元 6 世纪，第一批佛教徒到达日本，他们发现日本人发展出一套自己的宗教信仰体系，这种信仰可以说是土生土长，极其适宜地满足了他们的需求。它叫神道教，"神道"一词相当于"神圣的通道"。它的信条要比流行整个亚洲的神鬼崇拜高贵得多，它认为世界是一些不可毁灭的力量的联合，它教导我们要对每一种力量的利用负责，因为不管结果多么无意义，结果都将永不会改变。日本现代的正统信仰是佛教与神道教的一种结合，它普遍将极大的压力置于一个人对社会所负的责任上。和英国人一样，日本人实质上也是岛民（作为一个岛民，生活必需品总是短缺），他们有一个非常真诚而坚定的信念，即自己对祖国应负的责任要尽到。神道教也将压力置于对祖先的尊敬上，但这种尊敬从未达到如中国那样的程度。

直到很晚，中国与日本的文明才开始出现巨大分裂，分裂发生的时间不会早于16世纪下半叶，那是在经历了一段各自独立的军阀间无穷的争吵与战斗之后的结果，这些军阀对天皇的无视甚于神圣罗马帝国的骑士，最终政府落入了一个强有力的男人手中，他就是宫廷的最高军官——德川家族的领袖。

这种统治局面几乎维持了两个多世纪。大名（日本封建时代的大领主）作为国家领导者得到了国民的承认。天皇被视作国家的精神领袖而被崇拜。大名与天皇被迫肩负起极为严格的“贵族责任”，要么按照国民的期待行事，要么就被礼貌地请求在一个极为庄严的切腹仪式上取出自己的肠子。所有臣民在各自的分内和岗位上劳作。

早在那时，该国就略显拥挤了。人们经常被迫以极少的口粮维持生活。他们一直都非常崇尚严肃与节俭，他们的要求并不太多。日本东海岸远处有一股狭窄的冷水带，它的存在使日本无法享受到如加利福尼亚一般适中的气温，但即便如此，这还是要比中国大陆上的气候好多了。

因此，一切都在推动这些岛屿正常而合理地发展，那时一个葡萄牙航海家门德斯·品脱在海上迷了路，他来到了日本群岛，从而扰乱了日本历史的整个走向。因为葡萄牙人不仅与这个遥远的国度进行贸易往来，而且将其启蒙的祝福赐予日本的信仰体系。

首先，除非所有编年史一致同意在这一点上撒谎，否则我们就得承认，总部设于印度的果阿及中国广州附近的澳门的基督教传教士们，受到了隆重的礼遇，他们被给予每一次机会阐释自己的信仰比在日本人中间长期占统治地位的信仰好在哪里。他们传播福音，聚集了不少信徒。属于另一个教会的其他传教士来自附近西班牙统治的菲律宾群岛，他们也受到了欢迎，但当幕府将军发现（所有土著王族总是不能早些发现这一切）这些圣徒总是和装备着火枪、携带着奇怪的火筒的不怎么圣洁的人一起入境时，他们就开始感觉不自在了，而且那些火筒所发射的沉重的铅炮可同时射中三名普通日本士兵。

只是在最近 50 年中，我们才开始理解日本人对那时所发生的极其惨痛的事件的观点。这些事件给日本人带来了残忍冷血的名声，但这种残忍与我们从其他渠道所获知的关于他们的信息略有不同。幕府做出针对传教士的闭关锁国决定并非是对西方人突生恶感的结果，其原因是恐惧，恐惧整个国家被宗教冲突搞得四分五裂，恐惧其丰富资源被这些船长掠走，这些船长是一些将传播和平与祝福的使者带至日本海岸的商人，正是这些商人，临走时要带走大批返程货物，却未曾付过钱。

耶稣会会士的影响在九州岛最为强大。起初神父们谦恭地谈及“和平王子”，然而一旦他们获得了岛上的土地，他们就立刻开始毁坏日本寺庙，粉碎日本神像，迫使数千名农民和贵族在枪口的威胁下接受十字架。

然后日本的强者看到了这一切，他意识到了将会有什么不可避免的结果发生。“这些海盗，”他于是宣布，“来到这里宣传美德，但他们的美德只是掩盖他们对我们国家险恶企图的手段。”

1587 年 7 月 25 日，即第一位日本大使向教皇与西班牙和葡萄牙的国王表达敬意后的第五年，所有基督教牧师被日本驱逐出境。商人像从前一样被允许进入日本，但要在政府监督之下。为了不再看到在 400 年前已给自己国家带来巨大灾难的内战再度发生，他们向所有的外国人主动关上了国门，无视此法令的传教士都要被处死。

在阴暗的一个半世纪中，日本在世界上保持自我孤立的状态。几乎是这样，但并不完全是。一扇小窗仍旧开着，大量日本的黄金通过这扇小窗流入西方，至少有少量西方科学也通过小窗进入了这个奇怪的国家的内地。在从日本获取商业利益上，荷属东印度公司曾为葡萄牙的敌手。但荷兰人是纯粹而单纯的商人，对其他民族的精神世界不感兴趣。英国人同样如此。这两个国家在相当长的时间内本应都是赢家，但英国这一次干得太糟了，结果输掉了。

在最后一批葡萄牙外交官被日本处决——这是一次不可宽恕的官方谋杀——之后，荷兰人先前的许多特权也被剥夺。也是通过这种方式，欧洲偶尔会得到一点儿来自太平洋的隐士们的消息。这些故事表明帝国的现状很难让他们满足。日本很快成了反面教材，没有国家敢于如此自给自足，最后日本年轻一代也开始渐渐难以驾驭了。他们听说了关于西欧美妙的科学的模糊传说，他们通过出岛引进科学与医学的著作，他们说着奇怪的荷兰语，知道了世界多数地区正以惊人的速度进步，然而只剩日本仍停滞不前。

全国民众分为两派。多数人支持不惜一切代价保持孤立，但其他人赞同对外开放。幕府将军属于后者，他因此丧失了很多权力，并被谴责为“洋人的朋友”，但最终是天皇从佩里著名的拜访中获益最大。

幕府阶层作为绝对化的封建政治体制的无可争议的领导层，早就过了它的有效期了，其中这些大名与武士仍坚持剑不离身，仿佛他们是生活在 1653 年而非 1853 年似的，他们实际上仍在忙于镇压国内战争这一光荣的任务。现在，到了应该进行全面改革的时候了。

这次事件纯属偶然发生，凑巧那时国家的名义领袖天皇也是个具有非凡才能与高等智商的年轻人，他劝说幕府将军隐退，并再度掌握了统治大权；他听从了别人的劝说，即进一步地孤立即意味着自杀，现在他像排外事件发生前一样热情欢迎所有的外国人。明治时代，或者说他所开创的启蒙时代，将日本从 16 世纪的封建国家转变成一个现代的工业国。

富士山是一座古老的火山，它自从 1707 年后就一言不发了，早先小孩儿要将花朵供奉于此山旁的神社中，现在那些地方已经被香烟广告占据。

然而富士山懂得——某一天，这一切都将湮灭。

成长启示

在地震频发的环境里，日本人不仅做到了生活如常，而且还想出了许多办法去适应，让自己生活得更好。很多时候，害怕和逃避不是解决问题的办法，从容面对、努力改变，才能最终战胜它。要知道，世界的未来就掌握在我们每一个人的手中。

要点思考

1. 你认为那些到日本的“传教士”是“强盗”吗？他们为什么要借助“宣传美德”的方式来颠覆其他国家？

2. 日本曾经是一个弱小的国家，他们做了哪些改变，使自己转变为一个工业强国？

第二十一章　澳大利亚：大自然的养子

导读

澳大利亚似乎被世界遗忘了，当西方探险者到达这里时，这里的土著还在使用简陋、原始的工具。大陆上到处是奇怪有趣的动物，简直可以囊括动物的进化史。这位大自然的养子，有着它独特的地理魅力，它幅员辽阔，物产丰富，被称作“骑在羊背上的国家”和“坐在矿车上的国家”……

澳大利亚尽管被正式承认为一块大洲，但一个正规大洲所不应具有的一切因素，它几乎都具备了。

第一，它的地理位置就很不幸，尽管葡萄牙人、西班牙人及荷兰人对其是否存在怀疑了1000余年，并尽力去发现它，但是这片将近300万平方英里（它与美国面积等同）的广阔区域，实际上直到1642年才被一个白人发现。这个白人是荷兰航海家和探险家阿贝尔·塔斯曼，他打着荷属东印度公司的旗号环绕这片土地航行，然后以荷兰联合王国的名义占据了这里。但这次拜访毫无用处。荷兰人对这块荒地丝毫不感兴趣。

第二，澳大利亚不仅地理位置不好，气候也极为恶劣。除了东海岸及南岸的东部一带坐落着的阿德莱德、墨尔本、悉尼、布里斯班这 4 座气候宜人的大城市外，北岸地区潮湿得令人难受，西岸地区又极为干旱。这意味着最适宜居住的地区，也是距离亚洲、非洲及欧洲最远的地区。

第三，整个内陆地区都是沙漠，没有降水，而其地下水供应的地点如此糟糕，以至于系统灌溉工程的建设极其困难。

第四，在陆地外围，高峰实际上处处可见。因此内陆地区就像一个空碗，而且因为没有从山上流下的河流，所以这里的河流不值一提。起源于澳大利亚东南部的达令河，是澳大利亚所有河流中最大的一条，它源自昆士兰群山中，昆士兰群山距太平洋中的珊瑚海不远，但这条河并非向东流往太平洋，而是向西融入因康特湾中，在一年的大多数时间中，它主要由一系列池塘构成，对当地人来说，一点儿用处也没有。

第五，这里没有通过训练就能帮助白人干活儿的土著。至于澳大利亚人的起源，说到他们与其他人类的关系，我们一无所知，就好像他们是生活在另一个星球上似的。他们完全局限于自己的天地中，所使用的简陋工具跟某些原始动物的差不多。例如，他们从未学习如何盖房子，如何种谷物，如何使用矛、弓箭或斧子。在其他人已经开始使用刀剑、长矛和弓箭狩猎之时，澳大利亚人却仍处于他们祖先刚刚学会直立行走的状态中。

澳大利亚孤立的位置，使得一些奇怪的史前生物在世界的其他地区绝迹后，仍能在此地继续存在，如我们所有人都熟悉的那种被称为袋鼠的奇怪动物。袋鼠属于有袋动物。有袋动物是一种在孩子尚未成熟时将其置于袋中养育的动物。在第三纪（原新生代一个纪的旧称，现已细分为新近系和古近系）时，整个地球到处都有此种有

袋动物。如今在美洲仅存一种有袋动物，即负鼠，但澳大利亚负鼠数量极多。

这里还有一种史前动物，即单孔类哺乳动物，这种低等哺乳动物全身只有一个排泄孔，其中最出名的是奇异的鸭嘴兽。它是一种褐色生物，约20英寸（英美制长度单位，1英寸等于2.54厘米）长，皮毛短浅，嘴状如鸭（它们年幼时就长了牙齿），蹼（pǔ，某些两栖动物、爬行动物、鸟类和哺乳动物脚趾中间的薄膜，用来拨水。蛙、龟、鸭、水獭等都有蹼）上长了长指甲，雄兽脚跟上还有一根毒刺。这种动物真是一座移动博物馆，馆中藏了一部数百万年间大自然的进化史。

说到澳大利亚其余的动物群体，简直就像打开了一座最让人瞠目结舌的奇异动物展览馆：羽毛如头发般的鸟；只能走不能飞的鸟；笑起来如同豺狼般的鸟；状如野鸡的杜鹃和与小鸡一般大的鸽子；长蹼的鼠及长有用来爬树的尾巴的鼠；用两条腿行走的蜥蜴；同时具有鳃与肺的鱼（指肺鱼。肺鱼为淡水鱼，平时用鳃呼吸，水干涸时用鳔当作肺呼吸。肺鱼古时曾在地球上大量繁殖，现仅有少量存活，故被称为“活化石”）——它的历史可追溯至鱼龙时代，是鱼与两栖动物的混合物种；既像豺又像狼的野狗——它可能是早期从亚洲大陆迁至澳大利亚的移民所带来的被遗弃的狗的后裔；以及其他各种奇奇怪怪的动物。

但这还没完。澳大利亚还独有一类昆虫，它们比老虎和蛇还要可怕。它们是会跳的蚂蚁，因为澳大利亚是喜欢跳跃而不爱奔跑或飞行的哺乳动物、鸟类以及昆虫的聚集之地。这些蚂蚁生活在自己建造的摩天大厦中。它们会咬穿一切没有铁门保护的东西，因为它们能够分泌一种特殊的酸来覆盖普通锌器及铅盒，该酸可使金属氧化，使得蚂蚁能打通一条通道，沿着这个通道它们就能进入内部，然后轻而易举地毁坏整个组织结构。

这里的苍蝇在牛羊的皮肤中孵卵，澳大利亚南部潮湿地带的蚊子让人根本无法在此定居，蝗虫可使人们数年的心血在几分钟内毁于一旦，扁虱寄居于大群的牲畜身上，以其血液为生，美冠鹦鹉看起来如此漂亮而无害，但当它们集合起来，可产生可怕的破坏力量，而它们在此地经常会这样做。

但当地最糟糕的灾祸根本不是源于澳大利亚自身，而是来自欧洲。我指的是兔子，这种动物本来是温顺无害的，但在这块沙化大陆上，它们随处寄居并无限繁殖，可就成了一个巨大的麻烦事。

1862 年，第一批兔子被从英国带至此地。殖民地的人们生活枯燥，猎兔可以使他们单调的生活变得有趣。有几只兔子逃跑了，它们以兔子闻名的生活方式建设家园。至于如今澳大利亚兔子的数量，精于计算的科学家们已得出结论，即数目约为 40 亿。因为每 40 只兔子的食量就同一只绵羊相当，所以这个数字可以折合成 1 亿只绵羊。为了防止这些饥饿的兔子进一步侵袭，人们采取了各种各样的措施，包括建防护栏，用毒药捕杀等。但尽管白人已尽了一切努力，兔子仍愉快地繁衍后代，在广袤的澳大利亚大地上生生不息。

然而，尽管有这么多不利因素，移民仍成功地使澳大利亚成为世界上最重要的羊毛生产国。今日的澳大利亚拥有近 8000 万只绵羊，供应着我们所穿的所有羊毛制品的 1/4 的原料，且羊毛出口占了全国出口总量的 2/5 之多。

因为澳大利亚大陆比欧洲要古老得多，所以自然会包含种类丰富的矿藏。50 年代初的淘金热将人们的注意力集中到了澳大利亚的金矿上；后来，铅、铜、锡、铁和煤也被发现；之后钻石也被寻到，但数量稀少；而一些较为珍贵的石头如猫眼石和蓝宝石等，却数量丰富。

在这些宝藏的开发难度上，澳大利亚仅次于非洲，拥有“最难勘探的大陆”之“美誉”。至 19 世纪初，它的三条主分界线才被彻底弄清。西部台地的平均海拔为 2000 英尺，而其中一些地点的海拔高达 3000 英尺。这片台地又叫金土地，但这里并无港口，仅有一座稍具重要性的城市，即珀斯，它是澳大利亚西南的一座城市，濒临印度洋。19 世纪 90 年代，它因金矿开采业的兴盛而迅速发展起来。然后是东部高原，这里拥有极为古老的山系，它们被风雨缓缓冲刷着，这些风雨最终将其最高峰（即科修斯科山）的海拔磨得仅剩 7000 英尺。这里汇聚着澳大利亚大陆的良港，因此吸引了第一批殖民者。

两片高耸的原野间坐落着一片宽广的平原，该平原绝无海拔超过 600 英尺之处，其中艾尔湖一带甚至要低于海平面。该平原被两座山脉分为两半，它们分别是西边的弗林德斯山脉与东边的格雷山脉，格雷山脉将北方与昆士兰山脉连接起来。

澳大利亚的政治发展很平稳，且较为成功。这里的第一批移民都是依据 18 世纪下半叶的英国法律被视作“罪犯”的人，但这些人大多没犯什么大罪，不过为贫穷或苦难所迫，偷几块面包或几个苹果罢了。

他们的第一块合法定居地位于澳大利亚东南部的博特尼湾，这块殖民地被称作新南威尔士，首府是悉尼。同样位于澳大利亚东南部的塔斯马尼亚岛，那时是新南威尔士的一部分，它于 1803 年变成一个罪犯流放地，罪犯被集中于现今的霍巴特城所在地。1825 年，昆士兰的首府布里斯班建成。19 世纪 30 年代，一处称作菲利普港的海湾顶部被以贵族墨尔本的名字命名，这里成了维多利亚省的首府。阿德莱德是南澳大利亚的首府，其历史可追溯至同一时期，但西澳大利亚的首府珀斯在最初 50 年的大淘金热之前，不过是个无关紧要的村庄。北部地区被联合王国治理，尽管该地面积有 50 万平方英里，但人口不过 5000 人，其中不到 2000 人住在帝汶海沿岸的达尔文港，达尔文港是世界上最优良的天然港口之一，但无一丝商贸的痕迹。

1901 年，这 6 个拥有 600 万居民的州组成了澳大利亚联合王国。7 年后，他们决定建立一个新都城，即堪培拉，它位于悉尼以东 150 英里处，距离澳洲最高峰科修斯科山不远。

1927 年，新首都开始运转，但新联合王国的国会为了能够将国家从现存的困境中解脱出来，不得不进行深远的考虑。首先，自从世界大战结束，政府的政策失误让他们损失惨重，甚至从欧洲借款人手中再也借不出一分钱；其次，澳大利亚承受着极其可怕的人口稀少的压力，塔斯马尼亚岛和新南威尔士州每平方英里只有 8 个人，维多利亚州为 20 人，昆士兰与南澳大利亚仅为 1 人，西澳大利亚仅为 2 人。那么，没有人工作，谁来解决这一切困难，以保证国家的正常运转呢?

尽管意大利人非常愿意过来帮一把，但他们是不能指望的。而在英国的政治生活中占据主导地位的英国中产阶层说了一句话："澳大利亚人要自己解决自己的问题。"这就意味着他们将一切与自己利益无关的问题都拒之门外了。

那么我再问一遍——谁来解决这一切困难？我也不知道答案。澳大利亚有近 300 万平方英里的土地几乎无人居住，而世界其他地区却已陷入无望的人口过剩中。这一点或许能导向一个顺理成章的解决方案。

成长启示

澳大利亚地理环境虽然不适宜人类居住，却可以成为古老动物的天然博物馆。大自然不会创造出没有用的土地，只有无法适应的人。人们只有善于利用周边的环境，扬长避短，让它们为自己服务，才能更好地生存和发展。

要点思考

1. 澳大利亚存活着许多其他地区已经灭绝的动植物，你知道都有哪些吗？它们依然存活的原因是什么呢？

2. 为什么兔子的生活方式会给澳大利亚草原带来那么大的危害？

第二十二章 新西兰：美丽的岛国

导读

新西兰是一个美丽的岛国，由两个大岛和很多群岛组成，它也是一个西方殖民者建立的国家，其土著毛利人也不过是更早时期迁入岛上的外来人。新西兰气候宜人，风景优美，除了独特的动物和植物，还有地形多变的自然景观，以及很多美丽的珊瑚岛。

加上在萨摩亚群岛新得到的领土，新西兰的面积总和是英格兰与苏格兰面积之和的 1.25 倍。其人口数量为 150 万，其中有 14.3 万人住在首都惠灵顿，它位于北岛上。

1642 年，荷兰人塔斯曼首次发现该地，并以他的祖国南部岛屿省份的名字为其命名。大约 3 个世纪以前，该地被乘坐独木舟的波利尼西亚人发现，这些波利尼西亚人使用一种奇异的草织地图，让人们在茫茫大海上远航数千英里后仍能找到回家的路。

这些波利尼西亚征服者，也就是好战而英俊的毛利人的祖先。1906 年，这些毛利人仅存 5 万，后来又增加了些。这些土著一方面一直保持着自己的风俗不受白人侵袭，另一方面也吸收了一些西方文明中更为适宜的美德。他们废除了几项古老风俗，如吃掉敌人和在脸上刺绣等，他们还向新西兰国会派遣代表，并修建教堂，这些教堂就像其白人主子的小礼拜堂一样，并无引人注目之处。只要没有种族冲突，毛利人的未来肯定是美好的。

在19世纪的前15年中，法国和英国都想通过派遣各自的传教士，夺得该群岛的控制权。但毛利人选择了受英国保护，英国人于1839年正式占领了新西兰全境。

1840年，该群岛沦为英国的殖民地。在1901年，新西兰得到了一个加入澳大利亚联合王国的机会，但是新西兰人拒绝了这一机会。原因是它对自己未曾如澳大利亚一样成为罪犯集中地而倍感骄傲。从1907年后，它就一直是一个独立领地，统治者是一位挂名的英国总督，政府的代表机构是新西兰自己的。

新西兰绝非热带地区，它和意大利一样远离赤道，也享受着与意大利同样的气候。这意味着此地与澳大利亚相比，更适于成为欧洲人的永久定居地。各种欧洲水果如桃子、杏、苹果、葡萄和橘子等，都可以在山谷中培育，而山坡则为牛群提供了上好的放牧之地。亚麻也非常适合在此地生长，北岛缓慢生长的树木可以为人们提供大量优质木材。

1901年，新西兰吞并了太平洋上的很多岛屿。其中包括库克群岛和拉罗汤加岛。根据毛利人的信仰，新西兰的首批波利尼西亚定居者就是来自拉罗汤加岛。库克群岛是一个死火山区，但是它有许多堪称自然奇观的珊瑚群岛。

这些珊瑚岛是由微小的海洋生物——珊瑚虫的躯体形成的。它们死后的躯体堆积起来，形成了点缀着太平洋这片地区的数千座暗礁与小岛。这些珊瑚虫生性挑剔，它们必须生活在水质新鲜且水温稳定的海水中。它们建造它们的小岛已花了数百万年的时间，它们的宏伟建筑，比任何一个手艺高超的泥瓦匠的杰作都更坚固耐用。因为珊瑚虫的生命取决于不断的活水供给，所以这座大厦中部的珊瑚虫最先死去，周围的继续生长，最终形成了所谓的环礁，那是一种有着一圈坚硬、狭窄的固定环带的小岛，中部是圆形的礁湖，通往礁湖的入口往往只有一个。该入口开在远离盛行风的一侧，因为另一边的风浪会为迎风侧的珊瑚虫提供更为充足的食物，让它们生长得更快。

这些美丽的珊瑚群岛上生长着许多可可树和椰子树，盛产可可和干椰子肉。新西兰，这个美丽的岛国，气候宜人，风景优美，至于这里将来会怎样，我们不得而知。

成长启示

在这些毛利人身上，我们发现坚持自我和学习他人不仅并不矛盾，而且是相辅相成的。取长补短，是不断成长和学习的关键所在。在成长过程中，我们也要做到既坚持自己的个性，不人云亦云，又善于学习他人的优点，博采众长，为我所用。

要点思考

1. 新西兰人拒绝加入澳大利亚联合王国是因为“它对自己未曾

如澳大利亚一样成为罪犯集中地而倍感骄傲”，你如何理解他们这种心态？

2. 新西兰优越的地理环境使它非常适宜种植水果和放牧，你知道新西兰还有哪些特产吗？

第二十三章　太平洋上的岛屿

导读

广袤的太平洋上分布着大量岛屿，这些岛屿可分为三组：一组与澳洲大陆有关，一组因火山活动而形成，还有一组是珊瑚岛。这些岛屿环境优美，古老而神秘，让我们一起去寻访一下吧！

大西洋中几乎没有任何岛屿，而太平洋上的岛屿就太多了。著名的加罗林群岛、马绍尔群岛及夏威夷群岛都位于赤道以北。其他岛屿位于赤道以南。它们通常是成群地出现，复活节岛（面积164平方千米，由复活节岛和周围小岛组成。畜牧业和旅游业为主要经济来源。1722年，荷兰航海家洛加文到达，命名为“复活节岛”。1888年起属智利）是个例外。孤零零的复活节岛，以岛上的象形文字石碑及刻成的火山石大型人头像而闻名。

太平洋上的岛屿明显可被分为三类。一类是史前地质时期澳洲大陆的一部分，如新喀里多尼亚岛；另一类是因为火山活动而形成的岛屿，如斐济群岛、萨摩亚群岛、夏威夷群岛以及马克萨斯群岛等；最后一类是珊瑚岛，如南太平洋的一个岛国新赫布里底群岛。

在这数千座岛屿中（很多珊瑚岛不过海拔几英尺），最重要的是夏威夷群岛。1810 年，该群岛成为巨大的南海帝国（即夏威夷王国，此后建立夏威夷共和国并附属于美国，现为美国一个州）的中心，该帝国于 1893 年灭亡，之后该地成了美国的属地。除了极为肥沃的土地外，这些岛屿作为美洲与亚洲之间航程的中转站，具有极大的重要性。

这些岛屿上火山活动频繁。在夏威夷岛中南部的冒纳罗亚火山，其东南斜坡上的活火山口，是世界上最大、最壮观的火山口之一；基拉韦厄火山海拔高达 4400 英尺，至今仍然很活跃；在毛伊岛上的火山，拥有世界上最大的火山口……虽然这些岛上气候宜人，但因为火山顶上不时冒出的阵阵烟雾，没有人愿意登陆。

斐济群岛上最重要的城市是苏瓦，所有从美国去往澳大利亚与新西兰的轮船都要经过此港。

萨摩亚群岛的首府是阿皮亚。

另一座你经常听说的岛屿是关岛。它是太平洋西部马里亚纳群岛的最大岛屿，位于群岛最南端。1521 年，它被麦哲伦船队发现，于 1898 年被西班牙割让给美国。关岛位于日本与新几内亚的中间，是美国重要的电报站。它的首府是阿加尼亚。

然后是塔希提岛，它是社会群岛（太平洋东南部法属波利尼西亚岛群。由塔希提岛等 15 个火山岛、礁组成。面积 1599 平方千米，仅 8 个岛有居民。热带海洋性气候，旅游业兴盛）中法国的占领地，很多关于南太平洋的电影故事据说就是在社会群岛拍摄的。

最后是三组巨大的群岛，即美拉尼西亚、密克罗尼西亚和波利尼西亚，它们囊括了数百座其他岛屿。这些群岛构成了横贯太平洋的规则屏障，即三条从西北延伸至东南的平行线，这使得在太平洋中航海与在大西洋中不同，在太平洋中航行要比在大西洋中航行危险得多。

据说，对于那些崇尚简朴的生活品位、认为现代机械文明过于复杂的人，以及那些不喜欢吵闹匆忙而喜欢舒适自由的人际关系的人而言，这些岛屿堪称理想的家园。我承认这些岛民要比百老汇与第四十二街角落的人更为悠闲，但我不得不说，这些群岛实在太遥远了。

第二十四章　非洲：充满冲突和矛盾的大洲

导读

很多大陆都有自己的鲜明特征，但非洲却很难找到一个准确的特征。这块苦难的黑色大陆多年来一直非常神秘，这里有黑人部落和神奇的非洲动物。探索非洲的过程很艰辛，很神奇，同时还充满了贩奴的罪恶。

非洲与澳洲一样，同为古老的大洲的残迹，这块大洲的绝大部分已于数百万年前沉于波涛之下了。直到现在，它仍与欧洲相连。从地理学角度讲，阿拉伯就是撒哈拉沙漠的延续，而拥有非洲、亚洲与澳洲所有动植物种群的马达加斯加，似乎暗示了这三个大洲在刚刚出现生命时，或许一度是连在一起的。

这块古老的陆地共由两部分组成，一部分是赤道以北的一大片四方形土地，另一部分是赤道以南的一小块三角形土地。但无论四方形还是三角形，都存在地理上的不利之处。它们的外部边缘都要高于内陆地带，结果内陆地带就像一个大汤盘。这种状况正如我们已在澳大利亚看到的情形一样，对当地绝大部分地区都是不利的。汤盘高高的边缘阻挡了海风向内陆的深入，因此内陆就有变成沙漠的趋向，而且它剥夺了内陆通向外海的自然出路。因为当非洲的河流最终到达海洋时，它们已经爬遍了整片陆地，其中必然要穿越一系列山脉。这就意味着这些河流会形成很多瀑布，而且会在奔流中耗费掉它们的大部分蓄水。由于这些河流水量不足，轮船也就无法沿水路深入该地区内部，只有等人工港口建成，并且铺设好环绕瀑布的铁路以后，非洲的贸易方可发展。总而言之，非洲大地处于一种孤立的状态中。

19 世纪初，我们了解了有关非洲地理的少量准确信息。这些有限信息也是偶然中得到的——非洲西海岸的第一批勘探者葡萄牙人在去往印度的路上偶然来到该地，但他们对这块充满了赤裸黑人的土地一点儿也不感兴趣。由于他们不绕过南部这片巨大的障碍，就不能到达印度和中国，所以他们沿非洲海岸一带的勘探就好比盲人在漆黑的屋子中寻找道路一样。这些勘探者未曾怀有任何寻找岛屿的目的，可还是让他们撞上了一些岛屿，包括亚速尔群岛（北大西洋中东部火山群岛）、加那利群岛（北大西洋东部的火山群岛）及佛得角群岛（北大西洋上的岛屿）等。在 1471 年，他们终于到达了赤道。然后在 1488 年，巴托罗缪·迪亚士到达风暴角，即现在大家熟知的好望角。

当这一切工作结束后，非洲再度被忽视。这里要么又热又干旱，要么又热又潮湿，居民还都是野蛮人。在到过那里的人看来，它只是一个航海的障碍而已。

对我们多数人而言，非洲不过是一片“黑色的大洲”。我们通常将其与热带雨林及黑人联系起来，但实际上，该大洲 1130 万平方英里的土地中有 1/3 是沙漠，毫无利用价值。其 1.4 亿人口可分为三类，一类是黑人，另两类分别是含米特人和闪米特人，他们肤色的差异就如同黑巧克力与洁白的象牙之间的区别。

很自然，黑人要比其他浅色种族更能引起我们的注意。不仅因为他们肤色奇特，引人注目，而且在历史上，他们曾经被作为奴隶随意买卖。白人曾经在全球范围内捕获黑人，把他们变成廉价而驯良的劳动力。这是我们先人曾经犯下的错误，这件有辱正义的事情，令我们永远心存歉疚。

在奴隶贸易存在的几百年中，这项贸易对非洲意味着什么，我们只能从一些数字记录中去猜想。事实上，猎取奴隶的工作并非完全由白人完成。阿拉伯人几乎垄断了这项喧闹的生意。从1434年开始，他们就偶尔会卖给葡萄牙一船黑人，但直到1517年以后，他们的生意才真正做大。贩奴贸易大有可赚，这些阿拉伯商人偷袭了很多苏丹村庄，曾经一次性捕获了1万个奴隶（在航海过程中损失的奴隶必然也计算在内），然后这些奴隶被捆绑在散发着魔鬼气息的大帆船中，越过大洋。

这项贸易在欧洲的当权者和政客眼中的重要性，从他们对载奴航运垄断权的争夺中就能看出来。西班牙拒绝对少数英国商人定期的贩奴许可延长期限，这甚至引发了英西间的战争。西班牙战败后，西印度公司贩奴垄断权彻底从荷兰转移至英国，不甘失败的荷兰人很快通过一项法律，面向世界上所有国家开放其贩奴贸易。

因为奴隶通常不被看作人，他们不会以科学的眼光审视自己的事情，所以在这个问题上我们所获的统计数字很少；但仅这少量的数字就足以骇人听闻了。法国的红衣主教拉维格尼业，一个完全熟悉非洲事务的人，他证实了每年至少有20万个非洲人因奴隶贸易而失踪，这包括在被押至海岸的过程中进行反抗的死者，包括那些因年幼没有使用价值而留给野兽吃掉的幼儿，还包括那些被运往其他国家的奴隶。苏格兰传教士及非洲探险家列文斯通博士是另一个极为称职的见证人，他把每年被掠走的奴隶人数的估计数（这还不算那些因无任何保护措施而死去的奴隶）升至35万，而其中只有7万人能够顺利到达大洋彼岸。

在1700年至1786年间，有不少于60万个奴隶被活着运至牙买加，在同一时期，两家小型的英国贩奴公司共将200多万个奴隶从非洲运至西印度群岛。至18世纪末为止，利物浦、伦敦和布里斯托拥有了一支由200艘轮船组成的舰队，总载奴量达4.7万，这支舰队有规律地往返于几内亚湾与新世界之间。

尽管非洲如此灾难深重，不管是贩奴、疾病、可怕的陷阱，还是残酷的对待，非洲人口都没有灭绝。白人在早上毁掉的东西一夜之间就会重建。但白人的火药与黑人的热带财富间的争斗仍然在继续，这块黑色的大陆依然交织着矛盾和痛苦。

粗略地讲，非洲可分为七部分，我将逐个讲述。让我们先从左上角开始，西北部是声名狼藉的巴巴里（濒临地中海海岸，在埃及与大西洋之间。16—19世纪成为海盗的据点）海岸。每当我们的祖先航经此地时，都会惊恐万分。因为这里是可怕的巴巴里海盗控制之地，被这些海盗捉住就意味着数年的奴役，直到故乡的家中借够了钱将人赎出为止。

这里的整片土地由山脉构成，这些山都很高，也都是极险之山，四处充满了沟壑，这使得劫匪可以在突袭后立刻消失得无影无踪，谁也找不到。

阿特拉斯山与大海间的平原叫作泰尔平原，盛产谷物和热带水果。以许多小型盐湖命名的夏特高原是一片牧场地带，而山坡则渐渐被用来酿造葡萄酒。另外，这里还发现了大量的铁矿与铜矿资源，这些矿山之间有铁路与阿尔及尔、奥兰、比塞大相通，它们是三座地中海地区的主要港口。

突尼斯位于阿尔及尔东部，为一个有名无实的独立国家，它虽拥有自己的国王，但实际上自1881年起它就置身于法国的保护之下了。因为法国没有多余人口，所以此地的大多数移民为意大利人。这里的意大利人艰难地与几个世纪前迁至此地的犹太人竞争，犹太人迁至此地时，这里还是土耳其的领地，他们在这里得以摆脱基督教的迫害，生存的机会更大。

邻近首都突尼斯的城市斯法克斯是最重要的城镇。2000年前，突尼斯地区比现在还要重要，因为它是迦太基的一部分。可是现在，除了一个可容纳200艘船只的港口，其他的遗迹已经极少了。因为在公元前146年，仇恨迦太基的罗马人攻入城时，放火焚烧全城，将家家户户的房屋毁得一处不剩。现在发现的埋在该地土壤16英尺以下的烧焦的遗迹，就是这座曾经容纳将近100万人口的城市遗迹。

接下来我们就要讲述非洲的第二个自然区划——那片棕色的大沙漠，即撒哈拉沙漠。

几乎与整个欧洲大陆大小相等的撒哈拉沙漠，从大西洋一直延伸至红海后，还以阿拉伯半岛之名继续延伸。在北方，除了包括摩洛哥、阿尔及尔和突尼斯在内的三角地带外，撒哈拉沙漠与地中海邻接，在南方，它与苏丹接壤。撒哈拉沙漠是一座高原，但海拔不高，多数地区不超过1200英尺。这里散布着一些几乎已经被风沙磨平的古老山脉的残迹。这里也有很多绿洲，绿洲的地下水能够让少数干渴的阿拉伯人勉强活着。这里的人口密度为每平方英里0.04人，这意味着撒哈拉沙漠实际上无人居住。最著名的沙漠游牧部落是图阿雷格人，他们都是英勇善战的人。其他撒哈拉人包括阿拉伯人、埃及人、苏丹黑人。

下面我们来看看埃及。真实的埃及，即历史上的埃及，是古代法老的土地，是古代世界艺术、学识与科学的巨大仓库，这个仓库由一条非常狭窄的地带构成。不包括沙漠部分的真实埃及，比荷兰王国还要小，但荷兰仅能养活 700 万人口，而肥沃的尼罗河河谷养活的人口数量却是荷兰的两倍。但是埃及的农民将不得不守在他自己的土地上，因为在这个既无煤炭又无水力资源的国家，想发展工业建设并不容易。

1882 年，英国人占领了该国，但世界大战后，埃及人要求独立的呼声声势浩大，英国被迫接受了他们的要求，于是埃及再度被视作独立王国，它有权与其他国家签署各种条约，除了经济协定——必须首先得到英国的准许。因为苏伊士运河是一条通往印度的捷径，它整个流经埃及地区，若让其他势力控制了这片盐质的商贸要塞，对于英国来说无异于自杀。当然这条运河并非英国人开凿的。事实上，英国害怕这条通往印度、中国和日本的捷径，因为它将严重损害其在好望角的生意利益，所以曾经极力阻止，但最后，运河还是建成了。

顺便说一句，埃及四处都有著名的古代遗迹，在开罗附近就能看到著名的金字塔〔古代埃及、美洲等地的一种方锥形建筑物，形似汉字“金”，故称。是法老的陵墓，其中以古王国第四王朝（约前 26 世纪）胡夫的金字塔最大〕。这些建筑遗迹包括许多辉煌的神殿和国王谷附近的图坦卡蒙陵墓。不幸的是，阿斯旺巨大的水利工程已将菲莱的庙宇变成数座小岛了，它们被尼罗河的泥水紧密包围，因此遭到了彻底毁灭的劫数。死于公元前 14 世纪的图坦卡蒙国王，他的墓葬也可以在埃及这片土地上找到，许多其他国王的墓葬同样可见，他们生前的财产和他们的木乃伊都集中到了开罗的博物馆中，所以这个博物馆在成为世界上最有趣的古代遗产收集地的同时，很快也成了一座公墓。

非洲的第三部分是苏丹，从地理角度讲，它与其他几个部分都不同。苏丹的走向几乎与撒哈拉平行，但它并不向东延伸得那么远，因为阿比西尼亚高原阻止了它的延伸，将它与红海分隔开了。苏丹多数地区土壤非常肥沃，其中部分土壤与中国北方的黄土类属相同。苏丹的土著至今为止仍是非洲的黑人部族中最聪明最勤劳的一支。顺便说一句，非洲黑人不吃稻米，而以玉米为食。他们的玉米面与我们的玉米粥类似，但制作不如我们那般精细。这些黑人也是极其杰出的艺术家，他们的奇异雕塑和陶器在展出时，每次都会吸引无数人的眼光。

1893 年，苏丹被法国“军队”占领。照目前的形势来看，苏丹西部全境落入法国人手中不过是时间问题。

非洲的三大湖泊位于阿比西尼亚南部与刚果东部之间。其中尼亚萨湖的数条支流形成了赞比亚河，维多利亚湖是尼罗河的发源地，而坦噶（gá）尼喀湖与刚果河相连，这意味着该地肯定是非洲海拔最高之处。位于维多利亚湖以南的乞力马扎罗山海拔高达 1.9 万英尺。鲁文佐里山海拔为 1.67 万英尺，该山与肯尼亚山脉（1.7 万英尺）和埃尔贡火山（1.4 万英尺）成为彼此接近的第二梯队。

这里的整片地区原为火山带，但这些非洲火山无声无息已有很多个世纪了。

在政治方面，非洲的整片领土被分为很多次级地区，然而所有分区皆属英国统治。

乌干达是一个种植棉花的国家，它于 1896 年成为英国的“保护地”。现在的肯尼亚殖民地便是从前英属东非公司占有的土地，在1920年成了英帝国的一部分。而往昔德国在东非的殖民地，已于战争后成为英国的托管地，现为坦噶尼喀领土的一部分。

沿海地区最重要的城镇是桑给巴尔，它是旧时一个从事奴隶贸易的国家的首都，英国于1890年将该国纳入保护范围，这里也是来自印度洋各处的阿拉伯商人的活动中心。

北非的情况大致如此，此外还有位于大西洋、苏丹山脉与喀麦隆山脉间的狭窄海岸地带尚未讲述。近400年来，该带状陆地以“上几内亚”“下几内亚”和“几内亚”的名字为人所知。几内亚曾是大批待运至世界其他地区的“黑色象牙”（西方列强对黑奴的称呼）的集中地。现在这里的沿岸地区已被若干国家分占。

为了保证印度物产的稳定输出，荷兰占据了几内亚沿岸的少数港口，这些港口亦可用作贩奴港口，荷兰同时占领了圣赫勒拿岛，并巩固了好望角的防御工事。

塞拉利昂是一处古老的英国殖民地，该地与位于其西部的利比里亚一样，据说是从前黑奴的故乡。无论是在塞拉利昂还是利比里亚，乃至后者的首都蒙罗维亚，许多极为诚恳的男男女女慷慨捐款，希望帮助黑人回到他们世代生长的祖国，然而政府对此无所作为，让这些人心中产生了无尽的失望情绪。

虽然开普敦仍为整个三角地带最重要的港口，但沿岸地区与内陆的富饶相比，不值一提。这里的内陆是一片点缀着低矮山包的高原，这些山包是一种平顶山，在当地称作南非小丘。在西边，克马斯高地将该高原与大西洋隔开。在东边，被马托波山脉将它与印度洋隔开，而在南边，德拉肯斯山脉将其与好望角地区分隔开来。

这里的山脉没有一座有冰河覆盖。该地区所有河流的蓄水都依赖降雨。因此该地冬日水流湍急，夏日河道干涸，而且因为河流在汇入大海前不得不穿越一座山脉，所以它们不能成为通往内地的商道。因此，为了使内地拥有通往大海的通道，这里已经修建了许多铁路。世界大战后，通往斯瓦科普蒙德和吕德里茨的铁路竣工，你可以乘火车向北远至坦噶尼喀湖，然后乘船穿越该湖，之后继续乘火车抵达桑给巴尔。

就在当下，因为南非的农产品价位达到了历史最低点，且养牛业已彻底停滞，所以南非人没有找寻新鲜草场和农田。南非正衍生出一支新种族，它既非荷兰人，也非英国人，而是纯粹的南非人。而且该地区的铜、煤、铁等矿产资源十分丰富，土壤也非常肥沃，它很可能成长为另一个规模极小的美国。

莫桑比克海峡的另一边是马达加斯加岛，该岛面积约为 23 万平方英里，略比其宗主国法国大一点儿。人口 400 万。该岛多山，东部地区拥有优良的木材资源，这些木材在塔马塔夫港集中出口，该港口有铁路与首都塔那那利佛连接。

该地民族看起来更像马来人而非黑人，但马达加斯加岛在我们的地质史上很早就与非洲分开了，因为非洲的常见动物没有一种出现于该岛上。

马达加斯加以东有两个小岛，当通往印度的贸易仍要取道好望角时，这两座小岛就极具重要性。它们是毛里求斯和留尼汪。毛里求斯旧时是荷属东印度公司淡水与蔬菜的供应站，现为英国所有，而留尼汪则是法国领地。

多数大洲可被简化为几个简单的形象。当我们说到“欧洲”时，我们眼前就呈现了圣彼得大教堂的大圆顶，莱茵河畔遭摧毁的城堡，还有挪威宁静的峡湾，我们耳边也响起了俄国马车的铃声；亚洲呈现在我们眼前的是无数宝塔，在大河中沐浴的大群黄种人，奇异的庙宇，海拔达 1 万英尺的高耸入云的山峰，还有古老的富士山的平静与匀称；美洲意味着摩天大厦，工厂的烟囱，还有四处漂泊的印第安人；即便遥远的澳洲也有其象征，如温和的袋鼠那双好奇而闪烁着智慧的眼睛。

但非洲不同，我们如何能将这片充满矛盾和极端事物的土地浓缩为一个简单的象征呢？

这是一块酷热难耐、缺少河流的土地！然而尼罗河几乎与密西西比河一样长，刚果河比亚马孙河仅短一点儿，而尼日尔河与黄河等长（此处说法不准确。据统计，尼罗河长 6671 千米，密西西比河长 3766 千米；刚果河长 4640 千米，亚马孙河长 6480 千米；尼日尔河长 4180 千米，黄河长 5464 千米）。

这是一片大雨滂沱、潮湿得难以忍受的土地！然而单拿撒哈拉沙漠来说，其面积就要比整个澳洲都大，而卡拉哈迪沙漠则与不列颠群岛一般大（此处说法不准确。卡拉哈迪沙漠的面积约为 93 万平方千米，不列颠群岛面积为 31.5 万平方千米）。

这里的民族弱小无助，黑人不懂得如何保护自己！然而祖鲁人组建的结构最为完美的部队是世所未见的，而且沙漠中的贝都因人成功战胜荷枪实弹的欧洲军队的事迹已众所周知。

非洲没有如我们的五大湖一样便利的内陆湖！但必须承认的是，维多利亚湖的面积堪比苏必利尔湖，坦噶尼喀湖则与贝加尔湖几乎同样大，而尼亚萨湖则几乎是安大略湖的两倍。

非洲没有山脉！然而乞力马扎罗山比美国最高峰惠特尼山要高出近 5000 英尺，还有赤道正北部的鲁文佐里山，它比勃朗峰还要高。

那么这个大洲的症结究竟何在？我不知道。这里具备了各种条件，但是似乎没一样条件能够派上用场。它的整个规划全错了，除尼罗河以外，所有的河流、山川、湖泊和沙漠几乎没有用途，即便尼罗河最终汇入一片极具商贸重要性的海域，也因为瀑布太多牵制着航运的发展。而刚果河和尼日尔河，根本没有入海的方便通道。

现代科学或许最终使沙漠结出果实，并将沼泽排干；现代科学可能会把痢（lì）疾与嗜睡症这两种疾病从苏丹和刚果的整个乡下地区驱逐出去；现代科学可能将中部和南部的高原变为第二个法国的普罗旺斯或意大利的里维埃拉海岸地区，但这里的丛林分布很密，且历史悠久，数百万年前这些障碍就已然存在。然而若让现代科学稍微放松一下，丛林及其所有危害就会卷土重来，它会将毒气释放进白人的鼻孔，直到他死去，尸体被土狼和蚂蚁吃掉。

沙漠可能令人害怕，但微微闪光的黑暗森林更为恐怖，尽管那里有着众多的生命，却不能阻止它变得阴森恐怖。在这里，看起来最弱小的昆虫却有着最为致命的毒刺，最美丽的花朵却蕴藏着隐秘的毒液库。

我曾认真地与非洲人谈论这些事情，他们却嘲笑我。这就是生活。生活或者穷得叮当响，或者富裕得流油。这片充满对立的土地似乎总给人们带来厄运，它使他们视野狭隘，它扼杀了他们感受生活美好一面的能力。

我竭尽全力不使自己的论述有失公正。在其他大洲，虽然也充斥着人类的暴力和残忍，但这些地区尚有优雅品质呈现出来。耶稣的传道、孔子的教化、佛陀的探求。唯独非洲未曾向我们贡献过一个先知。

这一切的根源是什么？穿越非洲的沙漠和丛林，希望你最好自己努力寻找答案。

成长启示

非洲作为落后的“黑色的大洲”，一直以来都遭受白种人的歧视和欺凌。惨无人道的奴隶贸易更是给这片土地带来深重的灾难。作者能够在书中坦然地承认先人进行奴隶贩卖的错误，这种勇气非常难得。勇于认错，真诚道歉，并积极改正，永远是弥补错误的好办法。

要点思考

1. 奴隶贸易给非洲、美洲和欧洲分别带来了哪些影响？

2. 为什么非洲具备一切大洲的特征，却“未曾向我们贡献过一个先知”？

第二十五章　美洲：幸运之洲

导读

位于西半球的美洲大陆几乎拥有人们渴望的一切自然条件，堪称地球上的“幸运之洲”。西方殖民者侵略、开发了美洲大陆，改变了美洲的面貌，也让这个大洲成了地球的骄子。

美洲是最热情助人的大陆。单从地理的角度看，美洲几乎拥有了人们渴望的一切自然条件。

它是西半球上唯一的一个大洲，因此它没有直接的竞争对手，而非洲、亚洲和欧洲都有。它位于世界上两片最大的海洋之间，随着大西洋成为文明中心而被白人占据。

它与南北极点均接壤，因而享有所有种类的气候。其中离赤道最近处亦为其海拔最高处，因此它享有最适合人类定居的气温。

它没有沙漠，但拥有宽广的平原。这些平原位于温度适宜的地带，因此它注定会成为世界谷仓。

它的海岸线既不过于平坦也不过于复杂，因此非常适合建立深海海港。

因为其主山系贯通南北，所以其动植物群可以轻松地躲开冰河时期的冰川，幸存的机会要比欧洲的同类大得多。

它的煤、铁、石油、铜及其他原料资源，要比所有其他大洲加起来都多，这些资源是机械时代必不可少的东西。

当白人到达美洲时，这里没有其他任何居住者拜访过（整个大洲只有1000万印第安人），因此没有大批反抗侵略者恣意行动或严重干涉其种族政策，于是白人得以依自己的意愿发展国家。因此美洲的种族问题并不严重，只是相处久了，矛盾才开始日渐增多。

这个崭新而空荡的大洲，所蕴藏的无比巨大的商机吸引了每个国家最有精力的人们，这些人的集合造就了美洲独特的混血种族，该种族在极为短暂的时间内就适应了新颖、神奇但又非常单纯的地理背景。

最后一点，也许是最重要的一点，是这个大洲的人们没有自己的历史，沉重而复杂的历史总会将人们拖向永不会重返的过去。没有历史这个包袱的阻碍，他们可以比其他种族的前进速度快很多。

美洲这两块大陆的地理特征不仅极为单纯，而且比其他大洲更为对称。而且北美和南美的主要特征非常接近，以至于我们可以同时讨论二者，而用不着担心会给读者造成任何困惑。

北美和南美都状如三角，唯一的不同是南美三角比北美三角略偏东些，这无疑是南美比北美发现的时间要早很多的原因，当南美地区已极为闻名之时，北美大部分地带尚属“未知领域”。

北美与南美三角的西部都有一座山脉，该山脉大体呈笔直的南北走向，它占据了大陆接近1/3的地域，东部2/3的地区则是宽广的平原，平原与海洋间被低矮的山脉所隔断（南北美皆如此），北美为拉布拉多山脉和阿巴拉契亚山脉，南美为圭亚那山脉和巴西高地的山脉。

两座大陆的河流状况同样表现相似。少数不太重要的河流向北流淌，而圣劳伦斯河和亚马孙河流向几乎彼此平行，巴拉那河与巴拉圭河像密西西比河和密苏里河一样，半途相交，然后分别与圣劳伦斯河和亚马孙河呈直角走完余下的行程。

中美狭窄的陆地带自东向西，从地理上说，它实际上属于北美的一部分。其地势与动植物群在尼加拉瓜突然开始改变，成了南美的一部分。中美其余部分包括一些高山，这就是与撒哈拉沙漠同样接近赤道的墨西哥为何气候宜人、人口密集的原因之一。

南美当然比北美更接近赤道，亚马孙河在从安第斯山至大西洋这段辉煌的航程中，其流向几乎与赤道重合。

现在如果你认真观看地图上的墨西哥湾流，你将发现它在越过非洲至美洲的大洋后，从西南至东北又懒散地流淌过大西洋北部，流经挪威海岸，接着拜访了北冰洋，然后取道冰岛和格陵兰岛回家。在格陵兰岛，它改名换姓也变了秉性，再度向南流淌，名字先改为格陵兰洋流，然后是拉布拉多洋流，这条洋流将格陵兰岛大块蔚蓝色的冰体带到了大西洋北部的各个地区。

从白令海峡直到巴拿马海峡，美洲西海岸被一座高山屏障与太平洋隔开。这条屏障并非处处宽度相同，且部分地区是由相互平行的山脉构成，然而所有山脉的走向皆相同，也就是说都是由北向南。

在阿拉斯加，这里的高山链很明显是东亚山脉的延续物。阿拉斯加不仅富含金矿（其所蕴藏的黄金和其上密密覆盖的冰河一样多），而且还有很多铜、银和煤等矿产资源，此外，这里还是狩猎和捕鱼的理想地带。在美国取得阿拉斯加后的前 40 年内，美国在该地获得的财富是该地原始价格的 20 倍。

在阿拉斯加正南方，有一座山脉被分成了两部分，东面的一支为落基山，它延伸至内陆，西面的一支继续与海洋方向平行延伸。落基山在融入墨西哥高地之前并未改名，而太平洋的坡形山脉在告别了麦金利山之后，就拥有了非常多的名字。在加拿大它们被叫作圣伊莱亚斯山脉和海岸山脉。越过温哥华岛后，它们被分成了两部分，西半部分仍被称作海岸山脉，而东部诸山在华盛顿州和俄勒冈州被称为喀斯喀特山脉，在加利福尼亚被称为内华达山脉。两座山脉之间的开阔地被萨克拉门托河和圣华金河的河谷所占据，这两条河在流向旧金山湾的中途相遇。旧金山湾是世界上最宽阔、最深也是被保护得最好的港口，它通过著名的金门海峡与太平洋相连。

当西班牙拓荒者的先遣部队到达这片河谷时，该地完全未被开发。如今通过修建灌溉工程，该地已成为举世闻名的水果园，只要稍加管理，该地的苹果、桃子、梨、橘子和杏就能大获丰收。

这片河谷确实是上天赐予加利福尼亚的福地。因为大淘金热结束时，这些淘金者及其追随者们发现仅需改换职业，即从勘探者变为果农，就能过上极其舒适的生活。在阿拉斯加和澳洲，一旦黄金资源被耗尽，就无任何养育大量民众的办法了，于是淘金者离去的速度和他们来时的速度一样快，他们把空荡的城镇、乡村和罐头盒留在了那里。但加利福尼亚并未如多数采金国家一样，因其黄金资源的枯竭而枯竭，反而因为这些资源更加富裕，它应该作为人类发展史上一个奇特的案例载入人类史册。

当土壤深处的大批石油被勘探出之后，该州的前途算是彻底

有了希望。该地确实存在地震的隐患，而且加利福尼亚湾的深深裂口可能会导致突发性岩层移动，这很危险（尤其是当火灾尾随其后时），但是地震仅为暂时的不利，阳光与适宜而稳定的气候却是永久的福利。加利福尼亚作为整个北美人口最密集的地区之一，才刚刚迈出事业腾飞的第一步。

落基山以东是一片巨大的平原，该平原北部以北冰洋为界，南部至墨西哥湾，东部抵达拉布拉多半岛的劳伦蒂亚高地以及阿巴拉契亚山脉。如果以恰当的耕作方式开发，那么单单这座平原就可养活全球的人口。所谓的大平原和中央平原，是一个巨大的谷仓。北部地区条件稍差，因为马更些河、阿萨巴斯卡河、萨斯喀彻温河以及奥尔巴尼河于此处要么汇入北冰洋，要么汇入哈德逊湾，而且每年大多数时间还处于冰冻状态。但源于蒙大拿州黄石公园附近的密苏里河，以及源于温尼伯湖与苏必利尔湖之间的密西西比河，几乎全程可供航行——从源头直到其三角洲，其中还穿越一个地区，那里再过几个世纪将会和中国东部一样人口密集。

这片介于哈得孙湾、大西洋和墨西哥湾之间的土地海拔略有抬升，它所拥有的湖泊还包括密歇根湖、休伦湖、伊利湖以及安大略湖。后两者由一条小河相连，该河由于瀑布阻碍无法航行，这条瀑布即为尼亚加拉大瀑布。因此伊利湖与安大略湖间另由一条运河相连，即威尔兰运河。休伦湖与苏必利尔湖间也有运河连接，它就是苏圣玛丽运河，该运河闸口经过的货物吨位比巴拿马运河、苏伊士运河与基尔运河加起来还要大。

这些湖泊的湖水经由圣劳伦斯河先注入圣劳伦斯湾，再流入大西洋。将纽芬兰岛与布雷顿角岛分开的卡伯特海峡，见证了该地由意大利人首次发现的历史。

因为加拿大北部即所谓的西北地区过于寒冷，以至于彻底不适合白人居住，所以我们很少听说该地区。

五大湖、阿利良尼山脉与落基山山脚间的三角地带，被发现藏有空前数量的煤、石油、铁和铜等资源后，就成了新联邦的巨大工业区。匹兹堡、辛辛那提、圣路易斯、克利夫兰、底特律及布法罗等大城市皆坐落于此，它们吸引了来自世界各地的劳动力，来帮助这些早期登陆者开发那些潜在的财富。因为这些城镇需要出口钢铁、石油和机器的港口，所以大西洋沿岸的老殖民定居点如纽约、波士顿、费城及巴尔的摩等地获得了前所未有的显赫地位。

与此同时，南部诸州最终从重建时期的黑暗日子中摆脱出来，它们共同筹集了足够的资本，开始在没有奴隶帮助的条件下种植棉花。加尔维斯顿、萨凡纳及新奥尔良都恢复了生机，铁路、电报线和电话线将整个国家变成一座巨大的农场和工厂。在不到半个世纪的时间内，有 6000 万欧洲人远渡重洋，加入到早期登陆者的规划、建设、制造和销售等事业中。我们应该感谢自然给予我们的无限的机遇，这是世界上任何其他国家都不曾具备的优势：一座极为广大的平原，伴随着优良的气候和土壤，且两边皆有便利的山脉保护，还有历史所添加的一个几乎最重要的礼物，即统一的国家、统一的语言，且没有历史包袱。

再向南前进，到达墨西哥和中美之时，我们马上就会意识到这些优势的真正意味。墨西哥境内除了古代玛雅人生活过的尤卡坦半岛外，皆为多山地带，从格兰德河向南延伸，海拔渐渐升高，直至马德雷高原和阿纳瓦克高原。其中多数高些的山脉，如波波卡特佩特山、奥里萨巴山及伊斯塔西瓦脱山等皆为死火山，科利马火山是当下唯一的一座活火山。

在太平洋这边，马德雷高原在海岸处陡然拔起；但在大西洋那一边，山坡下降得则更为和缓，且欧洲侵略者从东方而来，所以他们进入内陆很轻松。他们的先遣部队于 16 世纪初到达此地。那时正是西班牙极度失望的时期，因为他们刚刚发现，对热那亚的投入是一场空，一次彻底的失败——那里没有黄金，没有白银，赤裸的野蛮人在你勒令他们干活儿时都躺在地上装死，还有无穷的蚊子。

然后谣言开始传播起来——越过高山，在附近的陆地上生活着一个民族，他们的皇帝住在黄金城堡内，睡着黄金榻，用金盘子吃饭。于是，埃尔南·科尔斯特与他的 300 个冒险者在 1519 年登陆墨西哥，在 12 条独木舟和 13 支大口径短枪的帮助下，他征服了可怜的蒙提祖玛人的领地，这些土著都被杀死了，其统治者也被杀害。

此后近 300 年内，确切地说直到 1810 年以前，墨西哥一直是西班牙的殖民地，且被如此对待：当地几种作物不再被允许种植，因为害怕它们将与母国同类但品质较差的产品竞争。而且土地产出的大部分财富或者流入少数大地主的口袋中，或者作为宗教机构的利益而上缴。

连接着两座大陆的地峡地带，其土地非常肥沃，该地区盛产咖啡、香蕉、甘蔗以及其他所有外国资本欲在此种植的作物；但白人并不适应此处的气候，黑人也不愿为白人干活儿，而且这里四处耸立的火山对生活在这里的白人和黑人都毫不留情。

对大多数民众而言，危地马拉、洪都拉斯、尼加拉瓜以及哥斯达黎加不过是些浪漫的名字，我们不妨一扫而过。但下一个国家，即巴拿马共和国，对我们就比较重要了。

西班牙人在从达里恩的据点出发占领巴尔博亚时，在那里同时凝视了两个大洋后，就知道了该地峡仅仅是一条狭窄的陆地带。早在1551年，西班牙人就打起了修建一条属于自己的运河的主意。从那以后，科学领域内的每个人，无论其重要还是不重要，都为解决该困扰奉献了至少一个蓝图。但穿越将近30英里的岩石来打通一条运河可是个严肃的问题，直到诺贝尔的发明（即炸药。诺贝尔是瑞典化学家、工程师。他用火药棉与硝化甘油混合，制成了更安全而威力更大的炸药，在此基础上又发明了无烟火药）出现为止。他的本意只是用炸药搬走农田中的树桩和巨石，从未打算将其用于屠杀邻人。

1914年，巴拿马运河终于竣工了。该运河将加勒比海从一个内陆海转变成亚欧间商贸的高速通道，也大大提升了那些将加勒比海与大西洋隔开的群岛的价值。巴哈马群岛（英属）和古巴过于偏离该商道，百慕大当然也一样。但是牙买加（英属）、海地以及圣多明各皆处于可从运河中获取些许利益的较佳位置，波多黎各也是如此，小安的列斯群岛亦然。

对于17世纪的欧洲国家来说，这些小安的列斯群岛比美洲大陆还要有价值。因为这里炎热而潮湿，适于种植甘蔗。如今这里仍盛产甘蔗、可可及咖啡。

向风群岛由布兰基亚岛、博奈尔岛、库拉索岛和阿鲁巴岛组成。这些岛屿曾经属于将委内瑞拉的圭亚那山脉与墨西哥的马德雷山脉连接起来的山脉锁链的外延部分。这条山脉虽遭毁灭，但高耸而独立的山峰却留了下来。

从工业角度看，这些岛屿都没什么发展。奴隶制度的废弃使它们先前的所有财富都消失了，如今它们只是作为冬季旅游胜地、煤站或石油分销中心而广为人知。只有位于奥里诺科河三角洲之外的特立尼达岛仍比较繁荣，因为该地的数座火山带给它丰富的沥青资源，这些资源由当时来此取代旧时奴隶的印度人负责开采，他们占该岛总人口的1/3。

尽管南美自然资源非常丰富，但是它却人烟稀少，且在很多方面与世界其他地区的差距极大，以至于至少还需要半个世纪的时间，它才能让全世界的人们发现它的价值。

我自己作为一个北美人的后代，更欣赏南美种族所具备的许多品质，这些品质要比北美自身的美德还要略胜一筹。但我努力要写的是一种“人类”的地理，我坚定地相信任何特定地区，无论其面积大小，其重要性都要完全取决于那里的居民为人类的幸福所做贡献的大小，具体的形式有科学、商业、宗教、艺术等。

南美整片西海岸地区由我们的落基山脉以及墨西哥的圣马德雷山脉的延续构成，它们名为安第斯山脉，简称安第斯。“安第斯”是西班牙文的音译，指印第安人在居住的山坡所修建的灌溉水渠。西班牙人仅通过毁坏这些水渠与堤坝，就能导致许多土著饥饿而死。

安第斯山在接近南极点处裂为无数的岛屿，其中以火地岛最为闻名。该岛火山遍布，其中的科托帕希火山保持着世界最高活火山的纪录。

南美的安第斯山与其北美姊妹还有两方面相似之处。高高的山脉围绕着几座宽广的高原，这就为一些国家如玻利维亚和厄瓜多尔等形成了自然边界。而且，这里几乎没有便利的山口，以致阿根廷与智利间唯一穿越安第斯山的铁路在进入隧道前，不得不爬得比瑞士的圣贝尔纳山口或圣哥达山口更高。

东侧山脉堪称南美洲的阿巴拉契亚，包括北部的圭亚那山脉与东部的巴西高地。它们两地皆包括若干独立的齿状山脊，并形成了一座更为巨大的山脉残迹，该残迹正渐渐被亚马孙河谷分为两半。亚马孙河并非世界上最长的河流，但其蓄水量为世界之首，它实际上拥有数百条支流，其中至少有 15 条的长度与莱茵河等同。

在圭亚那山以北还有一座峡谷，那是奥里诺科河河谷。奥里诺科河通过内格罗河与亚马孙河相连，它的航运条件要比亚马孙河好得多，因为它用不着在入海前穿越若干山脉，而且该河河口宽度几乎达 20 英里，而作为一辆巨大运水车的河流本身，深度稳定地保持在 300 英尺，且有几百英里深入内陆，这些都是适合轮船航行的便利条件。

巴拉那河是南美洲南北走向的一条河流，在入海过程中，它将巴拉圭和乌拉圭的河流汇集起来，形成了拉普拉塔河。乌拉圭首都蒙得维的亚就坐落在其河畔。和奥里诺科河一样，巴拉那河也是一条上好的内陆水路。

在某一特殊方面，南美要比其他大洲优越得多，但除了欧洲。它几乎没有沙漠。除智利北部以外，绝大多数地区享有充足的湿气，亚马孙河流域以及巴西整片东海岸地带都多赤道暴雨，这使亚马孙地区的森林分布比刚果河流域还要密集而均匀。但此地稳定降水的结果，就是大洲的其余地区极其适合农业耕作，阿根廷大草原、奥里诺科河大平原以及巴西草原都是北美洲大平原的竞争对手。

下面我们来了解一下南美洲的国家，它们都不是在历史中自然形成的，而是在成功的革命后诞生的国家。

委内瑞拉由于距离赤道太近，因而民族缺乏活力，所以无法发展出极富精力的种族。但人们在它北部的马拉开波附近的岛屿里发现了石油，这使马拉开波成了委内瑞拉最重要的港口，其地位超过了首都拉加拉斯的港口。

委内瑞拉以西坐落着哥伦比亚，后者的首都为波哥大。哥伦比亚土地肥沃，自然资源丰富，而且与美国一样，位于两片大洋之间。但它需要大量北欧移民，才能开始开发其自然资源。

厄瓜多尔也是个穷国，尽管在巴拿马运河开通后，其首都基多的港口瓜亚基尔有了很大发展，但除了过去出口大量奎宁、现在更多出口可可外，无甚可圈可点之处。

太平洋沿岸更靠南些的秘鲁，在西班牙人首次到达新世界时，是一个非常强大的印第安政权所在地。它被一个贵族阶层统治，即印加人，或者叫太阳之子，这些印加人的最高统治者是印加王，印加王享有专制特权。尽管这个国家具有封建性质，但秘鲁人却发展出了一种比阿兹特克人更高级、更人性化的文明。

但当西班牙殖民者皮萨罗到达该地时，印加帝国已有 400 多年的历史了。该地区政治党派林立，不同贵族集团间互相敌对。皮萨罗利用了其中一支政治势力反对其他势力，最终征服了整个国家。他关押了掌权的印加王，将印第安人变为奴隶，所有偷窃与劫掠的财产被悉数运出此地，送往西班牙。

利马为秘鲁的首都，是一座现代都市，它主宰着秘鲁的银、铜和石油等宝藏的命运。如果秘鲁的总统打算把这些矿藏卖给其他国家，那秘鲁的前途就真是堪忧了。

玻利维亚是个可怜的内陆国家，但它并非生来就被陆地包围，其首都拉巴斯从前有直通大海的通道，但在 1879—1884 年，在秘鲁与智利争夺阿里卡地区的战争中，玻利维亚愚蠢地站在了智利的敌对方。当智利赢得战争后，玻利维亚就丢掉了其海岸地区。玻利维亚是个在资源上非常富有的国家，它的锡产量在世界上位居第三，但该国人口密度为每平方英里不足 5 人，人口总量不到 300 万，其中多数为印第安人。

两个最南端的国家是智利和阿根廷，它们是整个大洲至今为止最重要的国家，但它们的繁荣状态是地理位置带来的。它们坐落于温带。因为该地印第安人稀少，所以能够吸引大批上等移民。

智利比阿根廷的自然资源更为丰富。阿里卡、安托法加斯塔、伊基克和瓦尔帕莱索是南美西海岸最重要的 4 个港口，而首都圣地亚哥则是该地区最大的城市。智利南部正开始发展养牛业，活牛被屠宰并冷冻后，从麦哲伦海峡的蓬塔阿雷纳斯运至欧洲。

阿根廷是南美最大的奶牛养殖国家。巴拉那河一带的平原地区几乎有欧洲的 1/3 那么大，那里是整个大洲上最富饶的地区。此地的肉类、羊毛、兽皮和黄油的出口量如此之大，以至于可以影响其他地区同类商品的价格。

阿根廷的首都是布宜诺斯艾利斯，它同样位于拉普拉塔河畔，与小国乌拉圭正对着。乌拉圭的土壤与气候状况与阿根廷极其接近，它的发展小心谨慎，但极为成功，而阿根廷尽管发展的步子迈得非常之大，但也正因为如此，却经常因为过度投机和财政管理的混乱而陷入困境。

最后是巴拉圭，它是第三个位于拉普拉塔河畔的国家，且在很多方面是 3 个国家中最好的。如果不是参与了发生在 1864—1870 年的战争，巴拉圭现在将繁荣昌盛。在这场战争终结之时，全国的年轻男子死伤大半，以致巴拉圭人不得不实行一夫多妻制来扩充人口。然而，要使这个富裕的小国彻底从灾难中扭转过来，还得一个世纪的时间。

还剩下一个要介绍的国家——巴西。该地之前为荷兰的殖民地，后来又沦为葡萄牙的殖民地。葡萄牙人禁止该地的土著和定居者交易，将该地区禁锢在近乎密闭的经济束缚下，直到 1807 年葡萄牙王室在拿破仑势力面前被迫逃至里约热内卢为止。风水轮流转，此后近十余年内，这个备受歧视的殖民地却统治着其母国。当葡萄牙国王于 1821 年返回里斯本时，将儿子佩德罗留在这里做其代表。一年后，这个儿子自封为独立巴西的皇帝。从此以后，葡萄牙语就成了将殖民地与其先前母国联系起来的唯一纽带了。曾将巴西（在南美诸国中）治理得最好的布拉甘扎家族，因军事政变而被迫退位了，而最后一位美洲皇帝去了巴黎并终老于那里。

巴西面积约为 328.5 万平方英里，它占据了南美大陆的一半土地，同时也是赤道以南最富裕的国家。巴西可分为三部分——亚马孙低地或亚马孙河谷、大西洋沿岸地区，以及高地。除咖啡外，巴西的帕拉和马瑙斯还出产橡胶。东海岸的巴伊亚州和马托格罗索州的高原牧场出产烟草和可可豆。最后还有钻石及珍贵宝石。那些宝石埋藏得很深，还没有完全被开采出来。该地的铁矿石及其他金属矿产的情况同样如此，都需要修建更多的铁路以便开采。

最后，南美还有 3 处狭小的欧洲殖民地，它们是 17—18 世纪旧殖民的唯一遗物。它们是英属圭亚那或叫德梅拉拉，荷属圭亚那或叫苏里南，以及法属圭亚那或叫卡宴。如果法国未曾选择卡宴作为其刑事犯流放地，如果不是殖民者的胡作非为，那么我们都几乎要忘了这几个圭亚那的存在了。那它们对于远洋拜访者来说只意味着一件事——圭亚那是一座可以随心所欲地劫掠的富饶仓库。

成长启示

没有绝对完美的地理环境，当地人只有尽量利用优势，克服缺陷，才能得到更好的发展。生活中常有一些美中不足之处，以阳光乐观的心态积极对待生活，它往往会给我们带来积极的回应。

要点思考

1. 悠久的历史可能会成为一个国家进步的包袱，你同意作者的这种说法吗？为什么？

2. 读到这里，请你从地理环境、政治、历史、人口等方面对欧洲和美洲进行比较。

第二十六章　新世界

导读

人类在发现新世界，开拓新天地的道路上走了很久。在这个过程中，人类也曾犯下不少可怕的罪行。尽管人类在发展中遇到了许多问题，但作者坚信一切问题都会解决，人类必将进入一个崭新的世界。这个新世界会是什么样子？让我们跟随作者的脚步看一看吧！

在一本书被反复重写后，一组组数字就要开始搞怪了。在抄录的信息、重抄录的信息以及无穷无尽的核对稿的重重包围下，它们开始自己和自己玩起了捉迷藏。它们往往前一刻还是这样，下一刻就变成了那样。

“但是，”你将回答道，“这绝算不上是个问题。这些数字在某本可靠的地理手册、百科全书或地图册中可以查明，然后再抄录。”若这些地理手册、百科全书和地图册永远和事实一样可信的话，那么问题就十分简单了，但显然它们并非如此。在我的书桌上就有大量规范的地理学书籍，它们总是令人欣慰，然而它们的可读性并不强，地理学并非要成为一门使读者感到非常愉快的学问。

对于一个在很多方面已丧失诚信的世界，我不想进一步打破它的幻象。但我在与“地理学事实”的斗争中，对很多关键的统计数据产生了深深怀疑。我认为这种不幸的观点差异是我们无药可救的民族主义造成的。似乎每个小国家必定都有一些完全属于自己的数据，好借此彰显自身主权的独立。

我不是在努力辩解，我写下的都是有据可查的。当权威的百科全书和统计手册在三四页内就有三四处自相矛盾之处时，那些可怜的业余人士该如何是好呢？

世界上有太多的动荡局面。当你审视地图，红色的小区域随处可见，不满的情绪严重泛滥。人们写了成吨的书籍，希望能诊断这种状况，并开出合适的药方。而我在开始写作本书后，才深入思考该问题，然后整个问题突然变得极为简单了。

打开地图，放飞自我，实在是一种美好而有益的消遣方式。

那儿坐落着罗德西亚（位于非洲南部的英国殖民地，1980 年 4 月 18 日获得独立，成立津巴布韦共和国）——孤零零自成一个世界。塞西尔·罗兹是一个推动者。他使少数民众富裕起来，他杀了非常多的土著。他成了土匪，发动了一场小规模战争，然后输掉了。他又成了一个政治家，发动了一场庞大的战争，最后赢了。

再往北推进些，我们来到了刚果，那里有斯坦利维尔〔刚果（金）东北部城市〕和利奥波德维尔〔刚果（金）首都、最大城市和河港〕，这里有无数被折磨致死的土著的无名坟墓，死因不过是他们未缴足应缴的橡胶或运送象牙时行动迟缓了些。

非洲各个当权者的罪行，还有阿拉伯奴隶贩子在静静的塞内加尔森林中的劣迹，都使我们希望但丁在其书中的地狱里为这些不同的野兽留下位置。

用马和狗捕猎人、有组织地消灭澳洲和新西兰的土著，在关于这些遥远地区早期历史的著作中，上述事件很少被提及。

接下来又会怎样？

我不过在重复人人已知的事情。

但似乎很少有人意识到，大开拓时代已经结束了，先前的受害者们不愿继续扮演他们的角色了，这是很多地区出现动荡局面的原因。

坐在高高的审判席上审判过去的错误并无用处，更为有益的方式是将我们的思想、规划与意欲收集起来，因为我们可以借此避免在未来再犯那些错误。

空想只会使我们迷失方向。所谓既然我们已“掠夺”了 10 多个世纪，我们必须再花上 10 多个世纪来“给予”的主意是很难解决问题的。慈善与抢劫一样糟糕。慈善实际上对于接纳者与捐赠者同样不公平，将印度人从英国的残暴统治中解救出来，然后将他们毫无防卫地留给山民任意处置，这不过是另一种劫掠。

如果我们突然打包带走所有的小型铁路、廉价小汽车、飞行器，并将我们的电话棚和加油站全迁走，那么也不见得会给中国人、日本人或缅甸人带来益处。当地人已适应了迅捷的交通与信息交流。

一个已适应货币金融的世界，是不可能再回到物物交换的古老体制中了。

不管你愿不愿意，我们这个行星已成为人类共同关注的一个整体，而且门口的时间牌上是 1932 年，而非公元 932 年或公元前

32年。

然而问题的解决之道还是有的。我们必须既不“索取”亦不“给予”——而是“合作”。没有其他人的帮助，我们永远不会取得现有的成就。如果排除了黑人、白人或黄种人的助益，我们不能扑灭疟疾和黄热的灾火。超越肤色与信条的差异，才能造福整个人类。当哥瑟尔斯与戈加斯医生开凿巴拿马运河时（哥瑟尔斯绘制了蓝图，戈加斯为其保障人力供应，助其将图纸变为挖掘出的立方体岩石），他们未曾单单想着太平洋或大西洋，更未单单虑及美国利益，而是心里装着整个世界。当马可尼发明了他的无线电报，他未曾规定“只有意大利船只在遭难时允许使用无线电”，所以桑给巴尔不定期的货船与最快的横渡大西洋快船都从中受益。

你很可能已经知道我将做何结论。

不，我并非要建议建立一个新型社会。这并不必要。问题将自行解决。两个世纪内这些问题将不复存在，因为那时人们不再为之忧虑了。

我们不再生活于一个未来将顺其自然发展的世界了。蒸汽和电力的降临使得葡萄牙和拉普兰、波士顿和汉口成了邻居，相互间不到10分钟就可以联系上。我们不再仅为自己生产物品，或仅为自己的村庄种植谷物。日本可以以我们不敢奢望的低廉成本制造火柴，而阿根廷可以以极少的付出收获可供整个德国享用的小麦。

我们不再能只拿白人工资的1/20来雇佣中国苦力或南非黑人，因为莫斯科有一座覆盖面积广大且以数种语言广播的电台，它将告诉黑人和黄种人他们受骗了，他们被剥夺了很多应属于他们的财富。

我们不再可以如我们的父辈般肆意劫掠和偷窃，因为我们的良知不会让我们这样做，就算我们生下来未携带着精神指南针，人类良知的积累最终也会达到一定程度，也会开始隐隐生出这样的念头：诚实和守信既是公民的私事，也是在处理国际性事务中需要遵从的美德。

不，我不想布道，我不是要向你发送一些什么“福音”。但如果你已阅读至此，我想你最好静静地坐上半个小时，然后自己做出结论。

渐渐地，我们开始意识到，我们不仅已在这个星球上生活了很长时间，而且很明确，我们还要一直生活下去。那么急急忙忙又有何意义呢？当你迁往一个你将在那里度过余生的城镇，你开始为未来做打算，你的邻居们——包括那些屠夫、面包烘烤师、杂货店老板、医生以及企业主——亦将如此。如果不好好地打算，那么整个地区就会陷入绝望的无序状态，以致你连一周也住不下去。

当你想到这一点时，你觉得大部分世界与你自己的村庄相比，二者有非常大的区别吗？就算存在差异，也不过是量上而非质上的差异罢了。我要说的就是这些！

你将说我的思想过于活跃——从乞力马扎罗山开始，直至地球未来的规划。

“但是，如果不走出家门，”正如爱丽丝或许会问的一样，“地理学又有什么用呢？”

1931 年 4 月巴黎

1932 年 5 月新奥尔良

成长启示

尽管人类在发展中出现了许多问题，但是停留在过去的得失之中是没有意义的。一切都在不断地运动、变化和发展，纠正错误，努力改进，才能跟上世界的脚步。

要点思考

1. 读完这一章，试着幻想一下未来我们生活的世界将会是什么样子。

2. 读完这本书，你觉得学习地理学会给你的生活带来什么样的帮助呢？

延伸阅读

★本书名言记忆

◆人类最大的错误是对自己的养母——大自然的冒犯。

——第一章　人类与家园

◆我们所有人类都生活在一颗而且是同一颗星球上，我们应该共同对我们生活的这个世界的幸福安宁担负起责任。

——第一章　人类与家园

◆在开始一次旅程之前，我们首先要确定目的地和抵达目的地的方法。

——第二章　地球的奥妙

◆想象是好事，但在天文领域内不要想象。

——第四章　地球的四季

◆任何民族的民族性根源都深深地扎在土壤与灵魂中。土壤影响了灵魂，灵魂影响了土壤。

——第九章　法国：富有的国家

◆世界变了，但通常的情形是世界表面上变化越大，其本质与先前也就越一样。

——第九章　法国：富有的国家

相关名言链接

◇天行有常，不为尧存，不为桀亡。

——荀子

◇科学是实事求是的学问，来不得半点虚假。

——华罗庚

◇人类最大的幸福就在于每天能谈谈道德方面的事情。无灵魂的生活就失去了人的生活价值。

——苏格拉底

◇当人类欢呼对自然的胜利之时，也就是自然对人类惩罚的开始。

——黑格尔

◇只有服从大自然，才能战胜大自然。

——达尔文

◇人的本质并不是单个人所固有的抽象物，实际上，它是一切社会关系的总和。

——马克思

◇每一个人可能的最大幸福是在全体人所实现的最大幸福之中。

——左拉

◇生活不是局限于人类追求自己的实际目标所进行的日常行动，而是显示了人类参加到一种宇宙韵律中来，这种韵律以形形色色的方式证明其自身的存在。

——泰戈尔

◇没有想象力的灵魂，就像没有望远镜的天文台。

——爱因斯坦

◇不管一个人多么有才能，但是集体常常比他更聪明和更有力。

——奥斯特洛夫斯基

◇大自然只有一条准则，一切都必须不断地运动、变化和发展，否则就会消亡。

——房龙

作者名片

亨德里克·威廉·房龙（1882—1944），荷裔美国人，著名学者、作家。他出生在荷兰，是一名出色的通俗作家，在历史、文化、科学等方面都是大师级的人物，是一位伟大的文化普及者。青年时期，房龙曾先后在美国康奈尔大学和德国慕尼黑大学学习。他还曾屡经漂泊，当过教师、编辑，做过记者、播音员，在各种岗位上历练过，他刻苦学习写作，并在通俗剧场中学习说话的技巧。1922 年因《人类的故事》成为第一位纽伯利奖章的获得者。

房龙一生为了写作耗费了无数的精力，他用平易近人、生动流畅的文笔将高深、晦涩的历史知识和理解、宽容及进步的思想普及到广大普通读者中。他坚持向无知与偏执不懈地挑战，其精神与功绩都值得后世赞扬。

房龙始终站在全人类的高度在写作，将全人类作为叙述的立足点。作为一个成年后才移居美国的荷兰人，他不可避免地更多写到他熟悉的西方，也更钟情于他的故国，但他从来都不是西方中心论者。他一直努力站在全人类的角度观察和叙述，力图超越地区、宗教、党派和种族偏见。他反对任何形式的狭隘，包括那种为了给本民族增光而歪曲事实的超爱国主义。

读后感例文

我们的地球

——读《地球的故事》有感

我是一个“地理迷”，平时总爱搜罗一些地理方面的作品去阅读。今天，我刚刚读完了美国著名历史地理学家房龙的一本著作——《地球的故事》，这本书简直颠覆了我对以往所读的那些地理学作品的印象。

以前所读的这类书，大多都是枯燥的，有的甚至就是在干巴巴地罗列地理知识。这本书却采用通俗易懂、幽默风趣的文学语言，穿插讲述一个个精彩的故事，把相关的地理学知识传递给读者。

我在读《地球的故事》时，就像在跟随作者一起游历地球，辽阔而古老的亚洲、灾难深重的非洲、科技发达的欧洲、神奇而特别的澳洲、充满活力的美洲，每一个大洲都有其自身的特点。在这些奇妙的大洲上遨游一圈后，我意识到令我印象最为深刻的还是澳洲。

澳洲在地理环境上没有什么优势，内陆地区几乎被大片沙漠所占据。然而，正是因为它“与世隔绝”地孤立于海洋之中，许多在其他洲早已绝迹的动植物，却能完好地生活在澳洲。澳洲因此成了一个“活化石博物馆”!

众所周知，袋鼠和鸭嘴兽是澳大利亚的特有“符号”。袋鼠属于有袋动物，慈祥的袋鼠母亲，经常会把宝宝放在自己的育儿袋里来养育、照料。而鸭嘴兽是最原始的哺乳动物之一，它长约20英寸，长着浅褐色的短毛，眼睛小小的，嘴扁扁的，与鸭嘴相似。但神奇的是，鸭嘴兽在年幼时就长了牙齿，雄兽的脚跟上还有一根毒刺。当然，令人瞠目结舌的奇怪动物在澳大利亚还多着呢!

读完《地球的故事》，我不仅学到了许多闻所未闻的趣味知识，而且更加深刻地理解了人类和地球的关系。目前，地球是人类和其他生物共有的唯一家园，人类作为地球上占统治地位的成员，在不断发现地球的奥秘，不断地向大自然索取的过程中，也在有意和无意中做出了许多伤害地球的行为。如对森林的乱砍滥伐，对大气、河流、海洋的污染，对土地的过度利用，等等。这些行为使地球环境不断恶化，而且也使人类自身尝到了恶果。最为无辜的，就是那些和我们一起生活在这个星球上的其他生物。科学家已经痛心地宣称：几乎每 20 分钟就会有一种动物或者植物从地球上消失。

我们应该重新审视人类与地球的关系了。因为，人类虽然可以利用环境、改造环境，可是反过来环境也会影响我们。如果地球上每个家庭都让自家的烟囱不分白天黑夜地冒烟，那么用不了多长时间，地球就会变得混乱不堪，无法居住。

正如作者文中所说："我们不仅已在这个星球上生活了很长时间，而且很明确，我们还要一直生活下去。"未来世界就掌握在我们每一个人的手中，所以，深切关爱我们的地球家园已刻不容缓。

知识考点

一、选择题

1.《地球的故事》这本书的作者是（　　）。

A. 房龙　　B. 达尔文　　C. 凡尔纳

2. 是（　　）第一次领导环球航行，证明了地球确实是球形的。

A. 哥伦布　　B. 麦哲伦　　C. 库克

3. 下图的日期可能是（　　）。

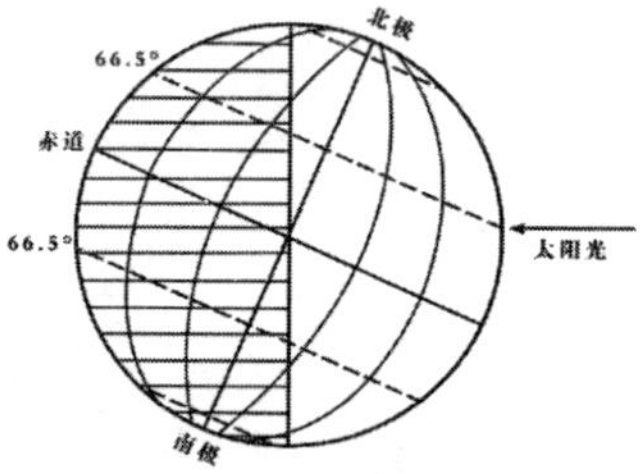

A. 12 月 22 日　　B. 9 月 23 日　　C. 6 月 22 日

4.（　　）于 1831 年最早发现了磁北极。

A. 詹姆斯·罗斯　　B. 哥伦布　　C. 康纳德·普定格

5. 0°经线穿过了（　　）的首都。

A. 荷兰　　B. 英国　　C. 美国

6. 威尼斯属于（　　）。

A. 意大利　　B. 荷兰　　C. 法国

7. 人们一般认为，（　　）是第一个拜访亚洲的欧洲人。

A. 哥伦布　　B. 麦哲伦　　C. 马可·波罗

8. 将阿拉伯地区与撒哈拉沙漠分隔开的是（　　）。

A. 波斯湾　　B. 红海　　C. 地中海

9. 世界上最长的河流是（　　）。

A. 尼罗河　　B. 长江　　C. 密西西比河

10. 非洲拥有世界上最大的、几乎与欧洲大陆大小相等的沙漠，它是（　　）。

A. 阿拉伯沙漠　　B. 塔克拉玛干沙漠　　C. 撒哈拉沙漠

二、填空题

1. 0°经线又叫________。

2. ________和________这两个节气，太阳的光线正好能照射到地球表面的一半，即太阳直射赤道。

3. 地球上的七大洲分别是________、________、________、________、________、________、________。

4. ________山脉从意大利北部的波河河谷延伸至意大利南部的卡拉布里亚地区。与意大利北部边境线平行流动的莱茵河与罗讷河，将________山脉分为两半。

5. ________是亚洲与欧洲的分水岭，________是欧洲最大的河流。

6. 世界上占地面积最大的国家是________。平均海拔最低的国家是________。地震最多的国家是________。

三、简答题

1. 第十三章中作者说道："蒸汽动力取代人力是人类所经历过的最剧烈的革命。"你如何理解这句话？

2. 作者说："是战争而非和平增加了我们对陌生地域的了解。"请举出一些国家或地区的例子对这句话进行说明。

3. 文中说中国和印度这两个国家除了都拥有过剩的人口外，无任何共同点。为什么作者会这样说？中国人和印度人在对待神明上有怎样的差别？

4. 为什么澳大利亚有近 300 万平方英里的土地几乎无人居住？

5. 为什么美洲被称为幸运之洲？

参考答案

一、选择题

1. A　2. B　3. C　4. A　5. B

6. A　7. C　8. B　9. A　10. C

二、填空题

1. 本初子午线

2. 春分　秋分

3. 亚洲　欧洲　非洲　北美洲　南美洲　大洋洲　南极洲

4. 亚平宁　阿尔卑斯

5. 乌拉尔山脉　伏尔加河

6. 俄罗斯　荷兰　日本

三、简答题（言之有理即可，答案仅供参考）

1. 蒸汽机的出现和改良曾引起18世纪的工业革命，它的投入使用使人类进入了“蒸汽时代”。

2. 略。

3. 印度人一直非常严肃地对待他们的神明，一旦他们要修建一座寺庙，那一定是一座最大的、最昂贵的，也是最浮华的寺庙。“公共设施不花一分钱，敬神却要数百万地花！”这是婆罗门的口号。一些中国人虽也信佛，但每个中国人似乎都受到孔夫子“中庸之道”观念的影响，将大部分财政收入用在建立公共设施上，而在修建庙宇和神殿上的花费适可而止，只要不惹神灵怪罪就可以了。

4. 澳大利亚气候极为恶劣，除了东海岸及南岸的东部一带，北岸地区潮湿得令人难受，西岸地区极为干旱。整个内陆地区都是沙漠，没有降水。陆地外围是高山，因此内陆地区就像一个空碗，而且没有从山上流下的河流。

5. 它是西半球上唯一的一个大洲，没有直接的竞争对手。它位于世界上两片最大的海洋之间。它与南北极点均接壤，享有所有种类的气候。其中离赤道最近处亦为其海拔最高处，因此享有最适合人类定居的气温。它没有沙漠，但拥有宽广的平原。这些平原位于温度适宜的地带，因此它注定会成为世界谷仓。它的海岸线非常适合建立深海海港。主山系是由北向南走向，所以其动植物群可以轻松地躲开冰河时期的冰川，从而幸存的机会要比欧洲的同类大得多。它拥有十分丰富的煤、铁、石油、铜及其他原料资源。它没有自己的历史的阻碍，所以可以比其他大洲前进速度快很多。

无障碍阅读·彩插励志版

第一辑

《童年》
《西游记》
《红楼梦》
《水浒传》
《昆虫记》
《名人传》
《稻草人》
《格林童话》
《伊索寓言》
《城南旧事》
《爱的教育》
《三国演义》
《骆驼祥子》
《繁星·春水》
《安徒生童话》
《海底两万里》
《鲁滨逊漂流记》
《朝花夕拾》
《钢铁是怎样炼成的》
《假如给我三天光明》
《汤姆·索亚历险记》

第二辑

《格列佛游记》
《绿山墙的安妮》
《雷锋的故事》
《唐诗三百首》
《成语故事》
《简·爱》
《中国古代寓言故事》
《中外民间故事》
《中外神话传说》
《中外历史故事》
《木偶奇遇记》
《寄小读者》
《小王子》
《老人与海》
《八十天环游地球》
《小橘灯》
《呼兰河传》
《论语》
《千字文》
《克雷洛夫寓言》
《小鹿斑比》
《中外名人故事》
《吹牛大王历险记》
《中华上下五千年》

第三辑

《荒野的呼唤》
《泰戈尔诗选》
《宝葫芦的秘密》
《小老鼠皮克历险记》
《小学生必背古诗词 75+80 首》
《小战马》
《红脖子》
《水孩子》
《安妮日记》
《列那狐的故事》
《柳林风声》
《欧也妮·葛朗台》
《小飞侠彼得·潘》
《汤姆叔叔的小屋》
《爱丽丝漫游仙境》
《地心游记》
《名人名言精读》
《尼尔斯骑鹅旅行记》
《神秘岛》
《森林报·春》
《森林报·夏》
《森林报·秋》

《森林报·冬》
《福尔摩斯探案集》
《莫泊桑短篇小说精选》
《四大名著知识点一本全》

第四辑

《欧·亨利短篇小说精选》
《细菌世界历险记》
《爷爷的爷爷哪里来》
《长腿叔叔》
《海蒂》
《朱自清散文精选》
《契诃夫短篇小说精选》

第五辑

《大林和小林》
《父与子》
《王子与贫儿》
《哈克贝利·费恩历险记》
《猎人笔记》
《居里夫人自传》
《格兰特船长的儿女》
《秘密花园》
《青鸟》
《人类群星闪耀时》
《寂静的春天》
《西顿野生动物故事集》
《飞向太空港》
《镜花缘》
《草原上的小木屋》
《丛林故事》
《小巴掌童话》
《给青年的十二封信》
《白洋淀纪事》
《湘行散记》
《梦天新集：星星离我们有多远》

第六辑

《世说新语》
《聊斋志异》
《儒林外史》
《我是猫》
《了不起的盖茨比》
《少年维特的烦恼》
《神笔马良》
《拉封丹寓言》
《希腊神话故事》
《山海经》
《地球的故事》
《十万个为什么》
《中国民间故事》
《中国古代神话》
《非洲民间故事》
《森林报》
《一千零一夜》

第七辑

《小英雄雨来》
《闪闪的红星》
《赤色小子》
《刘胡兰传》
《两个小八路》
《小游击队员》
《铁道游击队》
《李四光随笔：穿过地平线》
《世界经典神话与传说故事》
《欧洲民间故事：聪明的牧羊人》
《捣蛋鬼日记》
《胡桃夹子》
《兔子坡》
《带刺的朋友》
《今年你七岁》
《第七条猎狗》
《萤火虫的季节》
《雁翎队的故事》
《谁是最可爱的人》
《经典常谈》